知れば知るほど面白い
日本の神様と神社

監修 **武光 誠**

宝島社

はじめにに代えて

001 神道ってなんだろう？

教わるより「感じる」が日本人の宗教

神道には、キリスト教やイスラム教のように、神の教えを記した教典※は存在しない。他の宗教のように「教えられる」ものではなく、「感じる」ものなのである。

日本人は太古から、高い山の頂や深い森林、清流のせせらぎなど、あらゆるものに神の存在を感じてきた。また、他の動物や衣食住の物にさえも、そこに人知を超えた「神」の存在を察知した。神を感じて、神とともに生きることを喜び感謝する。神道とは、誰に教えられるものではなく、日本人の心の奥底に自然と身についている感性のようなものかも知れない。

本書では、日本の神様、そして神社と神道について、日本人なら知っておきたい基本を解説していく。日本人が感じてきた神とは何か紐解いていこう。

※教典：宗教の教義や信条が記された書物のこと。

滋賀県大津市・建部大社

知れば知るほど面白い日本の神様と神社　目次

第一章　神様と神社の基本

第二章

日本の神様

第三章 神話の世界へようこそ

第四章 神道 今と昔

第五章 これも神道だった? 意外と身近な神道

第六章 これが神社だ!

第七章 神社の参拝マナー

第八章　神職の仕事

第九章　知られざる神社の秘密

第十章 知れば知るほど面白い 神様と神道

◇神名は、『日本書紀』の表記で統一しています。ただし、『古事記』にしか登場しない神様に関してはその限りではありません。◇神社紹介の祭神名は、各神社の祭神表記を優先させています。◇正式な神名が長い場合は、略称も使用させていただいています。◇神名の旧字は、一部を除き新字に改めています。◇一部、神社名も通称を使わせていただいています。

第一章

神様と神社の基本

あまりにも身近な存在だから知っている気がしていたけれど
改めてよく考えてみれば、日本の神様ってなんだろう?
この際だから、一度きちんと学んでみよう
常日頃から慣れ親しんだ神様と神社、神道を!

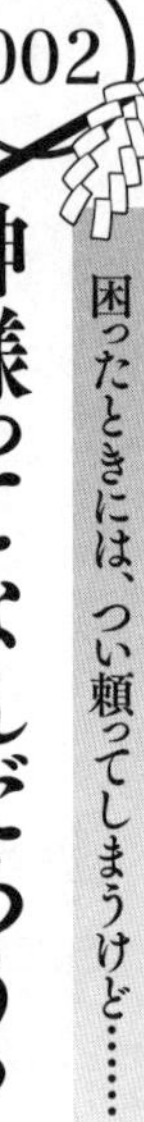

困ったときには、つい頼ってしまうけど……

002

神様ってなんだろう？

日本の神様は現在進行形で増え続ける!?

日本人は様々なものに、神の存在を感じてきた。あらゆる土地にも神が宿っていると考えた。古代の人々は同じ血族による小さな村落で暮らしたが、その団結の証として土地に宿る神を崇めたという。それが「氏神」と呼ばれ、現在も日本各地の村々には氏神を祀る神社がある。

やがて勢力の強い豪族が現れると、支配地となった村ではその豪族の氏神を祀るようになる。さらに、ヤマト政権[※1]が確立すると、天照大神をはじめとする朝廷の祖神[※2]が日本の津々浦々で祀られた。しかし、古来から村にあった氏神もまた変わらず拝まれた。古来からの氏神は、すべて朝廷の祖神の親戚や家来筋とされ、信仰することが赦されたのである。その土地の支配者が変わるごとに、信仰する神々の数は増えてゆく。人々は、否定したり拒絶することなく、様々な神をすべて受け入れたのだ。

この様に、様々な要因で神様は増え続けていった。たとえば、明治時代までは神社と寺院が同じ敷地内にあり、神も仏も分け隔てなく拝まれた。つまり、大陸から伝来した仏様も、日本人には「新しい神様」といった発想で、武家政権の禁教政策[※3]がなければ、キリストでさえ日本の神様になった可能性がある。また、平将門や菅原道真など、死後に「神様」となり祀られた人も多い。

「八百万」とは「数え切れない数」といった意味がある。たしかに、神様はこの後さらに増えるかもしれず、数えきれるものではない。

「八百万の神々」は、神についての寛容で柔軟な日本人の思考を指していう言葉かもしれない。

※1ヤマト政権：大和地方（現・奈良県）を中心とする諸豪族の連合政権。大王と呼ばれる首長を盟主に、やがて西日本を統一し、その後、東北・北海道を除く各地を平定した。

※2祖神：神として祀っている祖先。

※3禁教政策：豊臣秀吉や徳川家康によって　出されたキリスト教を禁止する政策。

003 ところでいったい神社ってなに？

あまりにも身近にあるから、知ってるつもりだったけれど……

地上に降りた神様は神社を宿舎に利用

神様は普段、人間が住む場所とは違う別世界に住んでいると、太古の日本人は考えていた。たとえば、天照大神（P20〜21参照）は天上の高天原※に、素盞嗚尊（P42〜43参照）は根国に住んでいた。その神々が人間世界に降りてきた時に、地上で快適に過ごしていただくために造られたのが神社で、神様の宿泊施設と考えればよい。

しかし、人間に神社を造る技術や知恵のなかった大昔にも、神様たちは頻繁に地上に降りて滞在している。その時はどうしていたのだろうか……神様の姿は人間には見えない。社殿のような目印がなければ、せっかく地上にお越しいただいても、敬って拝むこともできないのである。このため、神社のなかった頃には、神様は大きな岩や大木などに宿り、地上に留まった。神様が宿った岩や大木は、いかにも神々しい雰囲気を醸し、人間も容易にその存在を感知して、敬い拝むことができたのだ。

神様の宿った岩や大木は「依り代」と呼ばれた。古代のお祭りは、依り代の周囲で

東京都渋谷区・明治神宮

宮崎県西臼杵郡・高千穂神社

催された。神様の降臨（こうりん）を喜び祝う風習が、後にお祭りとして定着したのである。やがて、人が建築技術を習得するようになると、依り代のある場所に神社を造るようになった。

神社の創建は仏教伝来の影響か…

神社を造る意味。それは、神様に快適に過ごしていただくこと。住み心地が良ければ、長居をする気にもなる。神様には、地上にできるだけ長く留まっていただきたい。できれば、いつまでも住み続けて欲しい。神様の存在を近くに感じることが、人間にとっては最良の幸福だった。そのような考えから、神様に気持ちよく住んでいただくため、神社やその周辺の神域は、いつも清潔に掃き清めておかねばならない。また、神様のお世話をするために、神社には神職が常駐するようにもなる。

ちなみに、神社が造営されるようになったのは、仏教伝来が影響しているという説もある。仏教が伝来し、寺院が造られるようになると、日本の神々を拝むにもそのための場所が必要と考えられるようになったからだ。

※高天原（たかまがはら）：天（あま）つ神の住む天上世界のこと。国（くに）つ神が住む地上世界は葦原中国（あしはらのなかつくに）。死者が住む地下世界は黄泉国（よみのくに）や根国という。

004 日本で一番偉い神様は誰？

日本には八百万も神様がいるけれど

高天原を支配した朝廷の祖神

八百万の神々のなかでも、その最高神とされるのが天照大神である。黄泉国から戻ってきた伊奘諾尊（P36～37参照）が、その穢れを払うために清流で体を清め、その左目を洗った時に生まれた神だとされる。この時には他にも多くの神々が生まれているが、

「お前は、高天原を治めよ」

と、伊奘諾尊は天照大神を天上の支配者に指名している。また、この時に伊奘諾尊は、大切にしていた玉飾り[※1]を授けてもいる。これは、日本の国生みをした神から、正統な後継者として認められた証ともとれる。

そのような経緯から、天照大神は高天原を故郷とする朝廷の最高神であることは間違いない。朝廷の支配が及ぶすべての土地で、それぞれの土地の氏神の上に天照大神が君臨するようになる。唯一神にとらわれない日本人の寛容な宗教観から氏神たちと

共存し、やがては天照大神は日本の総氏神[※2]として、すべての氏族に敬われるようになった。

そして、天照大神を祀る伊勢神宮もまた、日本に8万社以上もある神社の総本社のような存在となる。「お伊勢参り」で知られ、諸国から多くの参拝客が訪れるようになった。

天照大神はまた、太陽神でもある。太陽の光はすべての人間が必要とするものであり、農耕民族にとっては作物の実りに関係する最も重要なもの。天照大神が天石窟に隠れた時（P77参照）の神々の慌てぶりを見ても、この神様がいかに重要視されたかがうかがわれる。

※1玉飾り：伊奘諾尊が天照大神に授けた玉飾りも実は神様で、「御倉板挙之神」という神名が与えられた首飾りの神だ。

※2総氏神：古代の氏族が祀った先祖神を氏神といい、血縁のないすべての氏族に共通する氏神を総氏神という。

特別に尊い存在だが……

005 創世の神様

天と地の始まりに誕生した神々

この世が「天」と「地」に分かれた時に、天には天御中主尊（あめのみなかぬしのみこと）、高皇産霊日尊（たかみむすひのみこと）、神皇産霊日尊（かむみむすひのみこと）の三神が現れた。

まだ「地」の世界は水に浮かぶクラゲのようにとても不安定な状態だったが、さらに、可美葦芽彦舅尊（うましあしかびひこじのみこと）と、天常立尊（あめのとこたちのみこと）が現れる。ここまでの天地に現れた五柱の神々を「別天神（ことあまつかみ）」と呼び、特別に尊い存在とされた。が、これらの神々はその後に姿を隠して、神話の世界にもあまり現れることがなく、祀る神社も少ない。

天之御中主神など別天神が多く祀られる東京大神宮（東京都千代田区／写真：アフロ）

006 神様と仏様の違いは？

神様と仏様は表裏一体の関係か？

明治時代以前には、神社と寺院が同じ境内で共存していたことはP14〜15に述べた。日本人は「神様仏様」[※1]と、神様も仏様も区別なく信じるが、日本の神様と仏様はまったく別個の宗教。神と仏を同じだと考えるのは本来ありえないはずだ。

仏教はインドでゴータマ・シッダールタ（仏陀（ぶっだ））が始めた教えである。仏陀は、「人は生きていく間に感じる苦しみをすべて捨て去ればよい」と人々に説いた。このすべての苦しみから開放された状態を解脱（げだつ）という。仏陀の死後、その弟子たちにより、仏陀自身が信仰の対象となった。

やがて仏教は、アジア各地に広がって行く。その過程の中で教義は次第に変容していく。

苦しみからの開放である解脱は、本来、個人の力で行なうものだった。だが、仏様を信仰すれば、死後に苦しみから救われ極楽にいけるという思想が生まれ、この考えを衆生救済と呼ぶ。

様々な神様が仏教に取り込まれた

また仏教が広まる過程で、

「仏や菩薩は人々を救うために、様々な神の姿を借りて現われる」

と、各地で信仰されていた神々が取り込まれていった。

仏教が興った当時、インドで広く信じられていたヒンドゥー教の神々も名前を変えて取り入れられた。中国に渡来すると、古代中国の宗教である道教の神々も仏に加えられていく。

日本に仏教が伝わると、神道の神々も仏や菩薩の化身とされた。

八幡神は阿弥陀如来の化身であり、太陽を人格化したとされる天照大神も、同じく太陽の仏である大日如来※2とされ、神と仏は表裏一体となり、神仏の習合がなされていった。

そして寺院と神社の垣根もなくなっていく。

仏教の教えである解脱や衆生救済は、人が死んだ後の救いを述べている。そのため仏教では、生きている間に仏を信じ、善い行いをすることが求められる。それに対して神道は、現実の世界で、いかに善く生きられるかを求めていく。死後の世界については重きが置かれていない。

つまり、仏教と神道を同時に信仰しても、競合はしないと昔の日本人は考え、神仏を一緒に拝むことに抵抗がなかったのではないだろうか。

※1神様仏様：日本のように、ふたつの宗教が共存し神棚と仏壇が同じ家に祀られるのは、世界的にも珍しい。
※2大日如来（だいにちにょらい）：宇宙の根源で、あらゆる仏や菩薩は大日如来の化身とされる。名は『偉大なる光の仏』を意味し、そこから天照大神と同一視された。

千葉県香取郡神崎町に神崎神社の別当寺として創建された『神宮寺』。

神宮寺(じんぐうじ)ってなに？

神社の境内に仏堂などが建てられた

平安時代に入ると仏教の勢力が強まってくる。朝廷や貴族階級だけではなく、一般民衆の間でも仏様の人気が高まっていった。そのおかげで存在感が薄まってきた神社の側でも、仏教の人気にあやかり、僧侶を雇い民衆への布教を開始する。神社の境内には仏堂などが建てられ、仏事が行われるようになった。

このように、寺院の機能を兼ね備えるため神社に建てられた寺のことを神宮寺（別当寺ともいう）と呼ぶようになっていった。

007 神道って宗教なの？

教典がなければ、宗教ではない？

日本に「宗教」という言葉はなかった

英語で「ｒｅｌｉｇｉｏｎ」と表記される言葉を日本語に訳したのが「宗教」である。この言葉が日本に入ってくる以前から日本人は八百万（やおよろず）の神様を信仰していたが、それを「宗教」とは認識していなかった。さて、この「宗教」の言葉の意味を要約すれば、「神」という普遍的、永続的な法則を理解し、その教えに従うこと。なにやら難しい。

いや、日本人には難しいというべきか、そもそも神の教えに従うキリスト教を基準につくられた言葉なだけに、まったく違った形で神様と接してきた日本人にピンとこないのは当然だろう。

神道には、神様の普遍的な教えである「教典（きょうてん）」は存在しないし、キリスト教のように、迷える子羊を導いてはくれない。西欧人の考える宗教とはまったく別物なのだ。

そのため、「神道は宗教ではない」なんて言われたりもするが、人が生きていく上で、幸せに暮す方法を教えてくれているという意味では、神道も宗教といえるのではないだろうか。

日本人とともにあった神様。長野県諏訪市、諏訪大社上社本宮

神様は唯一なのか、それとも大勢いるの？

一神教と神道の違い

仏教や道教も神道と同じ多神教

キリスト教やイスラム教などは「神は唯一」と信じる一神教である。唯一の神の教えにより、真理も人間の生き方も決まっている。それだけに、ブレることはない。すべての答えはひとつであり、それを神の言葉としてまとめた聖書やコーランといった教典が存在する。人々は、その教典の教えを信じて生きればいいのである。

しかし、そういった宗教は比較的新しい時代のもの。それより遙か古い時代には、たとえば、古代ギリシアには最高神のゼウス以外にもアポロンやポセイドンなど、日本の八百万の神々と同じように多くの神々が存在した。これを「多神教」と呼ぶ。古代エジプトやメソポタミアの人々も、かつては多神教だった。ただ「多神教」では、すべての答えはひとつではなく、自らが答えを求めて歩まなければならない。日本の神様は見守ってくれるが、進むべき道は指し示してはくれない。しかし、間違った道を進んだとしても、人に罰を与えたりはしない。

※アポロン：ゼウスの子。医術や音楽、さらに予言などをつかさどる神とされる。

長崎県長崎市・大浦天主堂

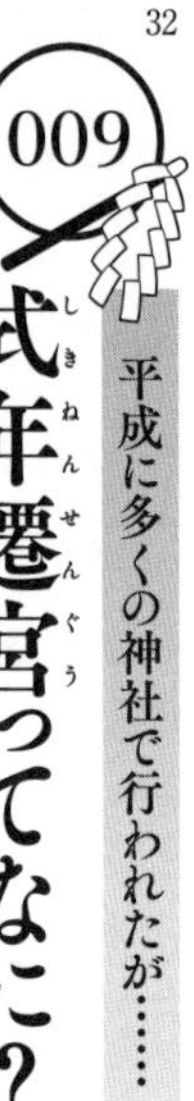

式年遷宮ってなに？

建て替えで出た部材は再利用される

神社の本殿を新築したり、境内の別の場所に移転すること。また、社殿の修理などの際、工事中にご神体を別の場所に移動させて安置しておくことを「遷宮」と呼ぶ。式年遷宮とは、伊勢神宮や出雲大社などのように、定期的に本殿を新築して遷宮を行うことである。

出雲大社は60年に一度、伊勢神宮は20年に一度の式年遷宮が定められている。式年遷宮は、古くなった社殿を建て替えるだけではなく、宮大工の技術を伝えるという意義も持つ。伊勢神宮が比較的短い周期で遷宮を繰り返すのは、後者の理由が大きいといわれている。（Ｐ１００～１０２参照）

ちなみに、伊勢神宮では解体された社殿の部材は、神宮内の摂社・末社（Ｐ１３４～１３５参照）、さらには全国の神社の造営に再利用されている。千葉県香取市・香取神宮の奥宮（経津主大神※の荒御魂を祀っている）も、昭和48年の伊勢神宮式年遷宮の古材で造られた、エコロジーな社殿である。

※荒御魂：神様の荒々しく勇猛な一面。柔和で徳を備えた一面を和御魂という。

◆かとりじんぐう
香取神宮

所在地／千葉県香取市香取1697
主祭神／経津主大神

下総国一宮で、全国の香取神社の総本社。祭神の経津主大神は、利根川を挟んだ対岸に鎮座する鹿島神宮の祭神・武甕槌神と出雲に派遣され、大国主神に国譲りを迫った神とされる。

旧参道の中程に鎮座する香取神宮奥宮。本殿には経津主大神の和御魂が祀られ、この奥宮には経津主大神の荒御魂が祀られている。荒御魂は、心願成就に霊験あらたかとされている。

千葉県香取郡・神崎神社

第二章

日本の神様

伊奘諾尊（いざなきのみこと）・伊奘冉尊（いざなみのみこと）から天照大神（あまてらすおおみかみ）、素盞嗚尊（すさのをのみこと）、
大国主神（おおくにぬしのかみ）、瓊瓊杵尊（ににぎのみこと）、神日本磐余彦尊（かむやまといわれひこのみこと）などなど
エピソードや、ゆかりの神社まで
日本を代表する神様のすべてを大紹介！

010 日本列島に住む八百万の神々のご先祖様は 伊奘諾と伊奘冉は何をした神様？

二神の共同作業で日本列島が生まれた

天地が創造された頃の神々はすぐに姿を消してしまったが、その後にも高天原には多くの神々が現れている。神々は男女一組で現れ、その最後に現れた伊奘諾尊と伊奘冉尊は、

「地を整えて造り固めよ」

という命を受ける。

この頃の地の世界は、まだ海に浮かぶクラゲのように実体の定まらない不安定な存在だった。伊奘諾尊と伊奘冉尊は、矛で海をかき回し、その矛からたれる滴で島を作り出した。※

伊奘諾尊と伊奘冉尊は、固められた大地に降りて、心柱を立てて家を建てた。二神は夫婦となり、まずは8つの大きな島、本州、九州、四国、淡路島、壱岐、対馬、隠岐諸島、佐渡からなる日本の国土を生みだした。その後も、山の神や川の神など、後

にこの大地に誕生する人々の生活に重要となる八柱の神々を生んでいく。

さらに、伊奘冉尊は幾多の神々を生み続ける。しかし、火の神である軻遇突智（かぐつち）（P38〜39参照）を生んだところで、陰部に火傷を負って亡くなってしまうのである。しかし、この二神より生まれた神たちの子孫がその後も繁栄して、日本の国土は多くの神々が住まう地となっていった。

　国土やそこに住む多くの神々は、すべて伊奘諾尊と伊奘冉尊の共同作業により誕生したもの。つまり、この二神こそが、日本を造ったといえる。

◆いざなぎじんぐう
伊弉諾神宮

所在地／兵庫県淡路市多賀740
主祭神／伊弉諾大神

兵庫県淡路市多賀に鎮座している『伊弉諾神宮』。淡路国の一の宮で、伊弉諾尊が霊宮を構えて余生を送った地とされ、伊弉諾尊の御陵跡に本殿が建てられている。

※国生み・神生みの島：矛からたれる滴から生まれた島の名は「淤能碁呂島（おのごろじま）」という。実在は証明されていないが、淡路島の南の「沼島（ぬしま）」など、候補の島がいくつかあげられている。

悲劇の元となり、天照大神誕生のきっかけを創った

011 火の神・軻遇突智

誕生が伊奘冉尊の死因となった神様

大地が誕生した後、伊奘冉尊は自然に関連する十七柱の神々を生んだ。火の神様である軻遇突智もこの時に生まれている。ちなみに、軻遇突智は『古事記』には火之迦具土神と記されている。「かぐ」には「輝く」という意味もある。人の生活を豊かにしてくれる、輝かしい文明の象徴的存在だった。

人にとっては欠くことのできない神様ではある。が、しかし、炎となって生まれた神様を生むことは、かなりの危険を伴う。出産後、伊奘冉尊は火傷を負って亡くなってしまった。

伊奘冉尊の夫・伊奘諾尊は、当然のこと嘆き悲しんだ。そして、その死因となった軻遇突智を恨んで、剣を振るって殺してしまう。この時に伊奘諾尊が使用した「十拳剣」[※]は、この後の山幸彦と海幸彦の神話（P81参照）などでも度々登場するが、別の剣であるとされる。

東霧島神社の境内にある「神石」は、鋭利な刃物で切られたような形状だが……これは、伊奘諾尊の剣によって切り刻まれた軻遇突智の亡骸だと伝えられる。

　その十拳剣によって殺された軻遇突智であるが、無惨に切り刻まれた遺骸や、十拳剣から滴った血などからも神々が派生した。磐裂神、根裂神、磐筒男命、武甕槌神など十六柱の神様が新たに生まれるのである。ちなみに武甕槌神は、出雲の国譲り（P79参照）を談判して大国主神を屈服させた神様でもある。

　誕生間もなく父である伊奘諾尊に殺されてしまった軻遇突智であるが、人の生活に欠くことのできない火の神様なだけに、篤い信仰を集めている。火の神様はまた防火の神様でもある。木造家屋が多く火事が怖かった昔には、全国各地に祀られていた。

※十拳剣：拳(つか)とはコブシひとつの大きさのことで、十拳分の長さがある剣の名称。

◆あきばさんほんぐうあきばじんじゃかみしゃ

秋葉山本宮秋葉神社上社

所在地／静岡県浜松市天竜区春野町領家841

主祭神／火之迦具土大神

火之迦具土神を祭神とする秋葉山本宮は、全国に約800社を数える秋葉神社の総本社。消防関係者や料理人など、火にまつわる仕事に従事する人々から篤く信仰される。標高866メートルの秋葉山山頂にある上社は、養老2年(718)に行基が寺院として開いたのが発祥とする伝承もある。

◆つまきりしまじんじゃ

東霧島神社

所在地／宮崎県都城市高崎町東霧島1560

主祭神／伊弉諾尊

霧島六所権現のひとつに数えられ「延喜式神名帳」にも登場する古社。応和3年（963）、天台宗の僧侶・性空上人が、霧島連山の噴火で焼失し火山灰に埋没した社殿を再興したとされる。

火之迦具土神（ひのかぐつちのかみ）から派生した神様

『古事記』神話に登場する神々　※神名も『古事記』に統一しています。

剣の先についた血が岩に飛び散り成り出た神

石拆神（いはさくのかみ）

根拆神（ねさくのかみ）

石筒之男神（いはつつのをのかみ）

剣の根元についた血が岩に飛び散り成り出た神

甕速日神（みかはやひのかみ）

樋速日神（ひはやひのかみ）

建御雷之男神（たけみかづちのをのかみ）

剣の柄に溜った血から成り出た神

闇淤加美神（くらおかみのかみ）

闇御津羽神（くらみつはのかみ）

火之迦具土神の体から成り出た神

頭　正鹿山津見神（まさかやまつみのかみ）

腹　奥山津見神（おくやまつみのかみ）

胸　淤縢山津見神（おどやまつみのかみ）

陰部　闇山津見神（くらやまつみのかみ）

右手　羽山津見神（はやまつみのかみ）

左手　志芸山津見神（しぎやまつみのかみ）

右足　戸山津見神（とやまつみのかみ）

左足　原山津見神（はらやまつみのかみ）

火之迦具土神を斬った十拳剣

天之尾羽張（あめのをはばり）　別名:伊都之尾羽張（いつのをはばり）

012 素盞鳴尊は荒ぶる神なのか？

暴れん坊な悪神か、それとも、正義のヒーローか!?

地上世界での苦労が乱暴者を成長させた

荒ぶる神。と、いえば素盞鳴尊の代名詞にもなっている。

天照大神の弟神という立場に生まれながら、乱暴狼藉の数々を働き高天原の神々に嫌われた。ついには天照大神も、弟をかばいきれなくなり、罰を与え地上に追放した。

だが、追放後も反省することはなかった。親切に食糧を与えてくれた女神を、些細なことで怒って斬り殺すなど（『古事記』）……乱暴者を絵に描いたような生き様。そもそも「素盞（すさ）」は「荒れすさぶ」の意味を示す言葉だけに、生まれながらそういった性格が設定された神様だったのだろうか？

しかし、流浪の果てに出雲へ辿り着いてからの素盞鳴尊の性格は一変していた。怪物の八岐大蛇（P78参照）を退治して、生贄にされそうになっていた奇稲田姫を救出した正義のヒーローに大変身。また、助けた奇稲田姫と結婚して、新居を築き「八雲立つ出雲八重垣妻籠みに八重垣つくるその八重垣を」と、日本最初の和歌を詠

◆須佐神社（すさじんじゃ）

所在地／島根県出雲市佐田町須佐730
主祭神／須佐之男命

『出雲風土記』によれば、素盞嗚尊が開拓した地を自ら「須佐」と命名。その地に素盞嗚尊を祀る社殿が建てられた。妻である奇稲田姫と、その両親である脚摩乳（あしなづち）、手摩乳（てなづち）も一緒に祀られている。（写真：島根県観光協会フォトライブラリー）

んだりして、暴れん坊の性格はすっかりなりを潜めてしまったのである。

高天原を追放され、長い間の地上での流浪生活。いろいろと苦労もあったのだろう。人は若い頃に悪行をやっても、人生の辛酸を味わうことで、一人前の大人に成長する。神様もまた様々な苦労や経験をすることで成長する。その様を素盞嗚尊は体現している。

013

住吉大社の神様はいつ生まれたの？

禊で生まれた住吉三神

伊奘諾尊の禊で生まれた三柱の男神

黄泉国から戻ってきた伊奘諾尊が、その汚れを払う禊（P202～203参照）をした時、天照大神をはじめとする多くの神々が誕生した。住吉大社に祀られる底筒男命、中筒男命、表筒男命の三神もまた、この時に生まれた航海の神様。ちなみに住吉の地名は、古い時代には「すみのえ」と呼ばれ「澄んだ入り江」の意味である。

この三柱の神は第14代仲哀天皇※に「西方の国を攻めよ」という神託を与えたが、従わなかった天皇は神罰により亡くなってしまう。その後、神託は神功皇后により実現、軍勢を率いて朝鮮半島へ出征した。

※仲哀天皇：日本武尊の第二子。叔父の第13代成務天皇に世継ぎが生まれなかったため即位した。八幡神として祀られる第15代応神天皇の父である。

◆すみよしたいしゃ
住吉大社

所在地／大阪府大阪市住吉区住吉2-9-89
主祭神／底筒男命・中筒男命・表筒男命・息長足姫命

住吉大社は、全国に約2100社を数える住吉神社の総本社。境内には底筒男命を祀る第一本宮、中筒男命を祀る第二本宮、表筒男命を祀る第三本宮にくわえて、息長足姫命（おきながたらしひめのみこと）（神功皇后）を祀る第四本宮がある。

住吉の神様とも深い関係⁉

014 海の神・綿津見三神

航海の民に信奉されてきた三柱の神々

伊奘諾尊が禊で水に体を沈めた時に、住吉三神とともに底津少童命、中津少童命、表津少童命の神々も生まれた。この三神を綿津見三神と呼ぶ。綿津見三神は、九州・博多湾にある志賀海神社に祀られている。

この地は、太古の頃から大陸への海上交通の要路上にあり、豪族の安曇氏[※]が住んだ場所。綿津見三神もその氏神と思われる。また、安曇氏は早くから大和朝廷に従って、諸国の航海民を統率する立場にあったという。このことから、綿津見三神は漁業の守護神として信奉され、海神三神と表記されることもある。

※安曇氏：海人族として名を馳せ、やがて全国に移住した。その名は地名として残り、愛知県の「渥美半島」や、内陸の長野県「安曇野」も安曇氏由来の土地である。

◆しかうみじんじゃ

志賀海神社

所在地／福岡県福岡市東区志賀島877
主祭神／表津綿津見神・仲津綿津見神・底津綿津見神

志賀島の志賀海神社は、海神の総本社とされる古社。社殿は江戸時代初期に再建されたもので、平成16年（2004）に大改修されている。本殿は左殿、中殿、右殿に分かれて、それぞれ三神が祀られる。

宗像神社に祀られる三女神は、天照大神の娘だった

015 誓約で誕生した宗像三神とは?

日本と大陸を結ぶ交易路の守り神

素盞嗚尊が、高天原へ上ってきた。天照大神は弟が高天原を奪いに来たと誤解、武装して待ち構えた。素盞嗚尊は必死に釈明するが、姉はこれを信用することができず、邪心のないことの証明を求めた。

そこで素盞嗚尊は誓いを立てて祈り、お互いに子神を生んで吉凶を占おうと申し出た。これは「誓約」といわれる大切な神事でもあった。

この時に、天照大神が素盞嗚尊の剣を譲り受けて生んだのが田心姫神、湍津姫神、市杵嶋姫神の三柱の女神である。

この後、天照大神は三柱の女神たちに、日本と大陸を結ぶ海の道を守らせる役目を与えて、福岡県の六ヶ岳に降臨させた。降臨した女神たちは宗像三神と呼ばれ、住吉三神や綿津見三神と同様に、海の守り神として、古来から航海民に信仰されてきた。

嚴島神社（いつくしまじんじゃ）

所在地／広島県廿日市市宮島町1-1
主祭神／宗像三女神

厳島神社の総本社。社名は、祭神の市杵嶋姫神からつけられている。推古（すいこ）天皇の時代に豪族の佐伯氏が創建したと伝えられ、世界遺産に登録された日本を代表する古社。

宗像大社（むなかたたいしゃ）

所在地／福岡県宗像市田島2331（辺津宮）
主祭神／田心姫神・湍津姫神・市杵嶋姫神

宗像大社は、玄界灘の沖ノ島と大島、さらに宗像市田島の三社の総称だが、田島の辺津宮（へつみや）だけを指す場合もある。三神は「道の神」とされ、交通の安全を守る神として信仰が篤い。辺津宮には宗像三神の降臨地・高宮祭場（たかみやさいじょう）も残されている。

現代ではスポーツ必勝の神様として崇められている

016 怪力が自慢の天手力雄神とは？

天石窟の戸を引き開けた怪力の神様

天照大神が素戔嗚尊の乱暴狼藉に我慢ならず、天石窟※に隠れてしまった。太陽神である天照大神が隠れたため、世界は闇に包まれ多くの災いが起こる。

そこで神々が相談し天照大神を天石窟の前で天鈿女命（P52参照）が踊りを舞った。そのにぎわいに興味を示した天照大神が少しだけ磐戸を開いた。その機会を逃さず、天照大神の手を摑み外へ連れ出したのが天手力雄神であった。

神名が示す通り、手の力が強い男性神で、重い磐戸を投げ飛ばした伝説からも、その怪力ぶりがわかる。天手力雄神はその後、天照大神の孫である瓊瓊杵命が天孫降臨（P62・P80参照）する際に、三種の神器と共に一行に加わっている。現在では、開運、心願成就などの神徳があるとされ、特にスポーツ必勝の神様として知られる。

※天石窟：天照大神がこもった、高天原にある岩でできた洞窟のこと。この入口を塞いでいる扉が「磐戸」。

◆とがくしじんじゃ
戸隠神社

所在地／長野県長野市戸隠3506（中社）
主祭神／天手力雄命（奥社）天八意思兼命（中社）

神社は奥社・中社・宝光社・九頭龍社・火之御子社の五座からなっている。祭神は奥社に天手力雄神、中社に天八意思兼命、宝光社に天表春命、九頭龍社に九頭龍大神、火之御子社に天鈿女命を祀る。旧国幣小社。

日本初の踊り子ともいえる神様

017 芸能の女神・天鈿女命

滑稽な所作で踊りを舞い神々を笑わせた

天鈿女命は天照大神が隠れた天石窟の前で滑稽かつ卑猥な踊りを舞って、そこに集った神々を大いに笑わし、隠れていた天照大神の興味を引いた。このことから芸能の祖とされる神となった。

また天孫降臨に随伴した際、瓊瓊杵命一行を待ち受けていた猿田彦神（Ｐ54参照）と交渉。その縁により猿田彦神に仕えることになり、猿女君※の祖神となった。一説には猿田彦神の妻となったとされる。

あらゆる芸道の上達、また縁結び・夫婦円満の霊験あらたかな神様として祀られている。

※猿女君：巫女として朝廷の祭祀に携わっていた氏族。

◆つばきしじんじゃ
椿岸神社

所在地／三重県鈴鹿市山本町1871
主祭神／天之鈿女命

猿田彦大神を主祭神として祀る椿大神社の別宮。鈿女本宮とも呼ばれる。主神は天之鈿女命で、相神として、共に天孫降臨に随伴した太玉命（ふとだまのみこと）と天之児屋根命（あめのこやねのみこと）を祀る。両神とも芸事には深いつながりがある。

天狗のモデルともいわれる国つ神

018 道案内の神・猿田彦神

瓊瓊杵命一行を葦原中国へ先導した

瓊瓊杵命が天界の高天原から地上の葦原中国へ向かう途中、天八達之衢という十字路に立って、天地を照らす光を出して一行を待ち受けていたのが、国つ神の猿田彦神であった。身長が7尺ある大男で、鼻の長さは七咫[※1]、その眼は八咫鏡のように、またホオズキのように照り輝いていたという。

猿田彦神は先導を申し出て一行を案内。その後は天鈿女命に送られて、伊勢国五十鈴川のほとりに鎮座したという。

その神話から、旅行安全、交通安全の神とされ、また庚申信仰[※2]や道祖神信仰[※3]と結合した。

※1咫：古代の長さの単位で、親指と中指とを広げた長さ。「尺」と同じ。
※2庚申信仰：道教に由来し、庚申の日に寝ないで過ごせば長生きできるという信仰。庚申は「かのえさる」とも

読み、「申（さる）」つながりで、猿田彦神と結び付けられた。
※3道祖神（どうそじん）信仰：道祖神は村里の入り口で、外から襲う悪霊や疫病などを防ぐ神。旅行安全のほか縁結び、子授け、安産の神として信仰されている。

夫婦となった天鈿女命と猿田彦神

天八達之衢にいた猿田彦神と話をした天鈿女命。その時、猿田彦神は自分の本性と名前を名乗り、天孫一行の先導役を申し出た。古代では、他人に真の名を告げることは禁忌で、名を知らせるということは重大な意味があった。そのため天鈿女命は猿田彦神に仕えることとなったのだ。女性が男性に仕えるということは結婚をするのと同意義であるため、二神は夫婦の契りを交わしたと考えられている。

019

多くの異なる名を持ち、国造りをなした

素盞嗚尊の血を引く・大国主神

「国造られし大神」とも呼ばれる

大国主神は高天原から祓われた素盞嗚尊の7代目の子孫のひとりである。八十神と呼ばれる多数の兄神と争い、因幡の八上比売を娶ることとなった。

しかし兄神たちの嫉妬をかい、2度殺されそうになる。そのため素盞嗚尊が住む地下の根国へ逃れ、そこで素盞嗚尊の試練を乗り切り、3種の宝物を得た。地上に戻った大国主神は、その宝物の呪力により兄神たちを従えた。

その後、大国主神のもとへやってきた少彦名命（P60参照）と力を合わせて国作りを行った。農地を開拓し、人々に農業技術や医術を教えた。

その地上の繁栄を見た天照大神が子神に治めさせようと使者を送ると、「私を皇祖神と同等の祭祀を行うこと」を条件に国を譲った。大国主神のため巨大な神殿が造営され、世の幽世※を治めている。

◆出雲大社（いずもおおやしろ）

所在地／島根県出雲市大社町杵築東195
主祭神／大国主大神

一般に呼ばれる「いずもたいしゃ」は通称。古くは杵築大社（きつきのおおやしろ）と呼ばれた。大国主神の他に天之御中主神（あめのみなかぬしのかみ）のほか4柱が祀られている。平成20年より遷宮（せんぐう）の造営が行われ、平成25年5月に無事終了した。

国譲り神話（P79参照）の舞台となった、島根県出雲市の「稲佐の浜」。その風光明媚な海岸線は、日本の渚百選に選ばれている。

※幽世（かくりよ）：目には見えない神事の世界のこと。対となるのは顕世（あらわによ）で、目に見える人事の世界。

020

因幡の白兎の逸話で知られる

皮を剥がれた兎神

赤裸にされた白兎は実は神様であった

因幡の八上比売に求婚するために出雲に旅立った大国主神一行。旅の途中の気多の岬で皮をはがれた兎と出会った。兎は淤岐島から本土に渡ろうと、「鰐（サメのこと）」を騙したが、渡り切る寸前に騙したことを口走り、怒った鰐に皮をむかれた。

一足先に出会った兄たちは兎を冷たくあしらったが、後からやってきた大国主神は傷を治す方法を丁寧に教えた。傷が癒え白い毛を取り戻した兎は「あなたが八上比売と結ばれるでしょう」という託宣※をした。実は白兎は「兎神」という神であったという。

※託宣：神様のお告げ。

◆はくとじんじゃ
白兎神社

所在地／鳥取県鳥取市白兎603
主祭神／白兎神

主祭神は白兎神のほかに五穀の神である保食神（うけもちのかみ）を合祀する。神話の逸話から、皮膚病、特に疱瘡（ほうそう）（天然痘のこと）平癒の神として信仰されていたが、近年では恋愛成就の神様として信仰を集めている。

021 常世の国からやってきて様々な技術を教えた 小さな神・少彦名命

大国主神に協力して国造りをした小さな神

大国主神が葦原中国の国造りを始めようとした時に、協力したのが少彦名命であった。大国主神が出雲の浜に行った時、がが芋[※]の皮で作った船に乗って、小鳥の羽を衣服にした小さな神と出会った。大国主神はその者がいかなる神なのか、天つ神に使いを出して聞いたところ、神産霊尊の子神の一人であることがわかった。親神の指の間からこぼれ落ち出雲へ流れ着いたのだろうという。

神産霊尊は「慈しみ養育してくれ」と大国主神に頼み、大国主神と少彦名命は共に力を合わせて国造りを行った。人間と家畜の病気治療、病害虫の退治方法を広めた。そのため医薬、温泉の神とされる。しかし国造りの半ばで、海の彼方にある異世界とされる常世国へ帰ってしまう。一説には粟の穂に弾かれ帰ったとも伝わっている。

※がが芋：日本原産のガガイモ科の多年草。その実を二つ割りにすると小舟のような形になる。

◆すくなひこなじんじゃ
少彦名神社

所在地／大阪府大阪市中央区道修町2-1-8
主祭神／少彦名命、神農炎帝

神農は古代中国の神様で、主祭神の2柱とも薬の神さまと知られる。そのため医薬業界の関係者からの信仰を集めている。また、病気平癒、健康祈願、医薬業関連の資格試験の合格祈願も多い。（写真：アフロ）

天照大神の命を受けて地上世界へ降り立った

022 天孫・瓊瓊杵尊

高天原から降臨した天照大神の孫神

天津彦彦火瓊瓊杵尊が正式な神名。稲穂の豊穣さを指し示す「火瓊瓊杵」に、荘重な讃え名を冠している。

瓊瓊杵尊は天照大神の命を受けて高天原から日向の高千穂峰へと天降った（P80参照）。降臨後、笠狭の海岸で出会った木花開耶姫（P64参照）を娶ったが、その際父神の大山祇神※から姉の磐長姫も妻として送られた。しかし磐長姫が醜かったため送り返してしまう。大山祇神は「姉とも夫婦になれば天孫の寿命は石のように長久だったが、妹とだけ夫婦となったので花のように、はかないものとなってしまった」と嘆いた。

※大山祇神：『古事記』では、神生みの段で、伊奘諾と伊奘冉の間に生まれたとある。だが『日本書紀』には、伊奘諾に斬られた軻遇突智から派生した神とする伝承もある。

◆にったじんじゃ
新田神社

所在地／鹿児島県薩摩川内市宮内町1935-2
主祭神／邇邇芸尊・天照大神・天忍穂耳尊

創建は神亀2年（725）といわれている。瓊瓊杵尊の陵墓と比定されている可愛（えの）山陵と隣接して建てられた。中世より薩摩国一宮として信仰を集めた。参道の途中には樹齢2000年といわれる大楠がある。

023 美しい女神・木花開耶姫

日本一の秀峰・富士山の神様でもある

花が咲くように美しい女神だが……

日本の山々を統べる大山祇神の娘で、父神から富士山を譲られた。高天原から降臨した瓊瓊杵尊に見初められ、その妻となる。だが、この結婚において人の寿命は限りある短いものとなってしまう。

また一夜の契り※で妊娠したことから、瓊瓊杵尊に貞節を疑われた。そのため「天孫の子なら無事に生まれる」と誓約を立て、戸がない産屋に籠る。そして産屋に火を放ち、燃え盛る炎のなかで出産。無事に、火闌降命、彦火火出見尊、火明命の三柱を生み、貞節を証明した。美人だが、気が強い女神でもあった。

※一夜の契り：一度の交わりで妊娠する逸話を「一宿妊み」といい、『古事記』では神武天皇と伊須気余理比売の項にも同じ説話が登場する。

◆ふじさんほんぐう せんげんたいしゃ
富士山本宮浅間大社

所在地／静岡県富士宮市宮町1-1

主祭神／木花之佐久夜毘売命（別称 浅間大神）

垂仁天皇3年（前27）に浅間大神（木花開耶姫）を山足の地に祀り山霊を鎮めたのが起源とされる。大同元年（806）第51代平城（へいぜい）天皇の勅命（ちょくめい）を奉じた坂上田村麿（さかのうえのたむらまろ）により、壮大な社殿が造営され現在地へと遷宮された。

024 彦火火出見尊

海幸彦・山幸彦神話※で知られる

海神の娘と結ばれ子供を生むが……

彦火火出見尊の別名は火折尊。木花開耶姫が火中で出産した三柱の神の末弟。山幸の弓矢を持ち、狩猟が得意だったので山幸彦と呼ばれた。兄の海幸彦から借りた釣針を失くしてしまい、海の底にある海神の宮へ釣針を探しに行く（P81参照）。海神の宮で出会った、海神の娘の豊玉姫と結婚。だが姫が出産する時、産屋をのぞかないでという約束を破って、出産時に本性である鰐の姿に戻った姫を見てしまう。これに怒った姫は、生まれたばかりの子供を置いて海神の宮へ帰ってしまった。この子供が初代天皇の父親となる。

※海幸彦・山幸彦神話：この山幸彦の神話が元になり、浦島太郎のお伽話が誕生したともいわれる。

◆かごしまじんぐう
鹿児島神宮

所在地／鹿児島県霧島市隼人町内2496
主祭神／天津日高彦穂穂出見尊・豊玉比売命など

大隅宮（おおすみ）・大隅一宮（おおすみいちのみや）・正八幡宮（しょうはちまんぐう）などとも呼ばれる。現在の社宮は和銅元年（708）創建と伝わる。主祭神は天津日高彦穂穂出見尊（あまつひこひこほほでみのみこと）と豊玉比売命。神社の北東に石体宮（しゃくたいぐう）と称する小祠があり、安産の信仰を集めている。

神武天皇として知られている

025 初代天皇となる神日本磐余彦尊

日向※から東征し大和で朝廷を開いた

父は彦波瀲武鸕鷀草葺不合尊。母は豊玉姫の姉の玉依姫命。末子の神日本磐余彦尊が父の跡を継いで、日向を治めていたが、三人の兄や皇子と共に大和国（現在の奈良県）を目指し旅立った。兄たちが相次いで死亡するなど幾多の困難があったが、それを乗り切り大和へ辿り着いた。

そして神武天皇元年（紀元前６６０）畝傍山の東南の橿原の地に帝宅を造り即位し、始馭天下之天皇と称した。初めて天皇を名乗り、後世に神武天皇と呼ばれた。その子孫は領土を拡大し、日本の統一政権となるヤマト政権を作り上げた。

※日向：現在の宮崎県と鹿児島県の一部。今は「ひゅうが」だが当時は「ひむか」と読んだ。

◆かしはらじんぐう
橿原神宮

所在地／奈良県橿原市久米町934
主祭神／神武天皇

橿原宮で即位したという『日本書紀』の記述に基づき、明治23年（1890）に創建。祭神は神武天皇とその皇后・媛蹈鞴五十鈴媛（ひめたたらいすずひめ）。本殿は京都御所の賢所（かしこどころ）を移築したものである。

026

仏も道教の神も取り込んでしまう柔軟な宗教観が神道の凄さ

外国から来た神様

何でも変容させて飲み込んでしまう

外国で信仰されていた神様や仏様が日本に伝わり、いつしか日本の神様として祀られることは、よくあった。そのわかり易い例が七福神だろう。祀られている神社をすべて参拝する七福神巡りが昔から人気だ。また縁起の良い正夢を見るために、枕の下に宝船に乗った七福神の絵を敷くことも。日本人なら一度はどこかで目にしたことがある神様たちだ。

七福神は幸福を招くという七柱の神で、大黒天・恵比須・毘沙門天・弁財天・福禄寿・寿老人・布袋の七神。その信仰が現在のように広まったのは戦国時代だといわれている。

大黒天はインドの三宝を守り飲食を司る戦闘の神の摩訶迦羅天が、大国主神と習合した神。恵比寿はその大国主神の子神である事代主神ともいわれるが、農村では田の神、漁村では大漁の神として祀られていた庶民派の神様。毘沙門天は多聞天とも呼ばれインドでは仏法守護の四天王のひとりで、国家鎮護の軍神で財産を授ける福神。弁財天も元はインドの河神。古代インドの最高神・梵天の妃で音楽・弁才・財福・智徳を備えた天女である。福禄寿と寿老人は中国の福徳・財運・長寿の神である南極寿星※の化身であった。布袋は10世紀頃の五代十国のひとつ、後梁にいた禅僧の契此がモデルとされる。その円満な体型から福々しさが感じられ人気となった。

　このように、日本・中国・インド三国の財宝に関係する神様をひとまとめにして、よりご利益を得ようとした。たくましくも柔軟な日本の宗教観が、よく表れている。

※南極寿星：中国には、この星を見れば長生きするという伝説がある。

◆はるなじんじゃ
榛名神社

所在地／群馬県高崎市榛名山町849
主祭神／火産霊神・埴山毘売神

延喜式神名帳（えんぎしきじんみょうちょう）にも名を連ねる。神仏習合の時代には、上野寛永寺（かんえいじ）に属し満行宮（まんぎょうぐう）榛名寺などと称されていた。明治の神仏分離によって榛名神社となる。祭神は拝殿背後の御姿岩の洞窟中に祀られている。

群馬県高崎市・榛名神社参道に飾られた「弁財天」。外国から伝わってきた神様だが、庶民からは「弁天様」と呼ばれ親しまれている。

第三章

神話の世界へようこそ

天と地の境界もない混沌とした世界に
初めての神が生まれ大地は固まる
伊奘諾尊(いざなきのみこと)と伊奘冉尊(いざなみのみこと)により新たな神々や国土が誕生し
天照大神(あまてらすおおみかみ)は大国主神(おおくにぬしのかみ)から地上界を譲り受ける
そして天孫が降臨し初代神武(じんむ)天皇が即位した
やがて神話は歴史へと変わり始める

天皇の統治が正当であることを知らしめるための歴史書

027 『古事記』と『日本書紀』ってなに？

日本最古の歴史書である『古事記』と『日本書紀』

『古事記』と『日本書紀』は現在伝わる日本最古の歴史書である。壬申の乱後、即位した第40代天武天皇の命令により編纂が開始され、『古事記』が和銅5年（712）に、『日本書紀』が養老4年（720）に成立した。

『古事記』は、皇室の系譜を記した『帝紀』や、皇室と各氏族の説話や伝承を記した『旧辞』を音読して整理した舎人※1の稗田阿礼が仮にまとめたものをもとに、朝廷の文官である太安万侶が筆記したもの。全3巻から成り、上巻は天地創生の起源から神代の事柄を記し、中巻は初代神武天皇から第15代応神天皇まで、下巻は第16代仁徳天皇から第33代推古天皇までの国家の形成史や皇位継承の経緯を系譜と物語によって記している。

文章はすべて漢字で表記されているが、漢文を訓読したり漢字の音をそのまま読んだりして大和言葉にして読むものである。百首以上の歌謡も記載されている。

その内容から、『古事記』は皇室の私史として作られたものと考えられている。

中国の正史を意識して編まれた『日本書紀』

『日本書紀』は、681年、天武天皇の命により川島皇子[※2]ら六名の皇族と六名の官人が編纂を始めた。その後、舎人親王(とねりしんのう)らに引き継がれ、足掛け40年の歳月を経て完成をみた。

全30巻になる大作で、1、2巻は神代、3巻以下は初代神武天皇から第41代持統(じとう)天皇による第42代文武(もんむ)天皇への譲位までを比較的純粋な漢文で記している。中国の正史を手本にして、年代を追って事件などを説明する『編年体(へんねんたい)』で描かれているのが特徴。正式な歴史書の形式を取っているため、日本初の正史と位置づけられている。

また『古事記』よりはるかに多くの記事を記しており、「一書曰(いっしょにいわく)」など異説も多数採録されている。

※1舎人(とねり)：皇族に仕えて警護や身の回りの雑用を行う下級官史。
※2川島皇子(かわしまのみこ)：天智天皇の第二皇子。文筆の能力が評価され、国史の編纂に加わる。

028 黄泉国を訪ねて

死んだ伊奘冉尊が住まう亡者の国

生者と死者の国が分かれた理由とは

火の神・軻遇突智を生んだことで伊奘冉尊は、死者の国である黄泉国へ行ってしまった。妻が恋しい夫の伊奘諾尊は妻を黄泉国へ迎えに行くが、伊奘冉尊は既に黄泉国の食物を食べてしまい、帰ることはかなわなくなっていた。

そして「見るな」と言われた伊奘冉尊の姿を見てしまう。全身に膿が出て蛆がたかる穢れてしまった妻を見た伊奘諾尊はすぐさま逃げ出すが、本性を見られた伊奘冉尊は怒って追手を差し向けた。その追跡をなんとか振り切って黄泉平坂へ辿り着き、千人所引の磐石でその坂路を塞ぎ磐石をはさんで離婚を言い渡した。※

夫の言葉を嘆いた伊奘冉尊は「一日に千人を殺しましょう」と言うと、伊奘諾尊は「ならば一日に千五百人を生もう」と磐石を封印。生死の法則が生まれた。

※千人所引の磐石：千人がかりで引っ張らなければならないほどの大きな岩の譬え。

029 天石窟隠れ

生命の死と生命の復活を描いた神話

日食を神話に反映したという説もある

高天原へやってきた荒ぶる神・素戔嗚尊は、粗暴な振る舞いで天界を大いに騒がせた。ついには天照大神の織女も負傷してしまい、これに怒って天石窟に入り磐戸で入口を塞いで籠ってしまった。太陽神である天照大神が隠れたため、国中は暗闇となってしまう。

これに困った八百万の神々が協議する。智恵の神である思兼神が深謀遠慮をめぐらせて、天照大神を誘い出す祭祀を行った。石窟の前にきらびやかな舞台を設置し、天鈿女命がそこで激しく舞い踊ると、集まった神々が大いに笑う。

籠っていた天照大神はこの騒ぎに興味を示し、少しだけ磐戸を開いて外の様子をうかがった。そこをすかさず戸の陰に隠れていた天手力雄神が、天照大神の手を掴み外へ引き出す。これにより再び国に光が戻った。

030 八岐大蛇退治

智恵と勇気で生贄の美女を助ける英雄譚

八頭八尾を持つ巨大な大蛇を見事に退治

乱暴が過ぎたと高天原を追放された素戔嗚尊は出雲国へとやってきた。そこで泣いている老夫婦と少女に出会った。理由を聞くと、

「私は国つ神の脚摩乳、妻は手摩乳、娘は奇稲田姫と申します。私には八人の娘がおりましたが、八岐大蛇に毎年一人ずつ娘を呑まれてしまいました。この娘もまた呑まれようとしています」

と語った。素戔嗚尊は奇稲田姫を妻とする条件で、八岐大蛇の退治を約束した。

老夫婦にアルコール度数の強い酒を用意させ、これを満たした桶を8つ用意させ、大蛇を待ち受けた。現れた八岐大蛇は酒を見つけると桶に頭を突っ込んで飲み、酔って眠ってしまう。その隙に素戔嗚尊は大蛇をずたずたに切り裂いた。その際、尾から出てきた霊剣が天叢雲剣、のちに草薙剣と呼ばれる剣であった。

031 国譲り(くにゆず)を迫る

話し合いと力競べで国が譲られた逸話

三度目の使者により平和的に譲渡された

大国主神(おおくにぬしのかみ)の国造りにより地上は豊穣の地となった。それを見た天照大神(あまてらすおおみかみ)はこれを平らげるように高皇産霊尊(たかみむすひのみこと)に命じた。

高皇産霊尊はまず天穂日命(あまのほひのみこと)を使者に送ったが、大国主神に懐柔されてしまう。次いで天稚彦(あめのわかひこ)を送るが、これも大国主神の娘と結婚して使者の役目を放棄してしまった。そこで三度目の使者として、経津主神(ふつぬしのかみ)と武甕槌神(たけみかづちのかみ)を送り出した。経津主神は剣神で、武甕槌神は雷神であった。そして共に勇猛な武神でもあった。

武甕槌神が大国主神に国譲り(くにゆず)を迫ると、大国主神は我が子が了承すれば国を譲ると答えた。

大国主神の息子の事代主神(ことしろぬしのかみ)は、あっさり国譲りを認め、もうひとりの息子の武御名方神(たけみなかたのかみ)は力競べで武甕槌神に敗れた。このように神話には、比較的平和裏に国が譲られた経緯が記されている。

032 天孫降臨(てんそんこうりん)

天皇の即位儀礼を神話的に表現したとされる

異なる逸話が多数ある天孫降臨

武甕槌神(たけみかづちのかみ)の国譲りの交渉が成功し天照大神(あまてらすおおみかみ)の孫・瓊瓊杵尊(ににぎのみこと)が天界から地上へと降り立った。『古事記』では天宇受売命(あめのうずめのみこと)(『日本書紀』では天鈿女命(あまのうずめのみこと))ら五柱の神を伴い八坂瓊曲玉(やさかにのまがたま)、八咫鏡(やたのかがみ)、天叢雲剣(あまのむらくものつるぎ)という三種の神器と共に降ったとされる。その途中で国つ神の猿田彦神(さるたひこのかみ)と出会い、これの先導により日向国(ひむかのくに)の高千穂の峰に降りたった。『日本書紀』では、『古事記』と同じ内容の話がある一方、高皇産霊尊(たかみむすひのみこと)が瓊瓊杵尊を真床覆衾(まとこおうふすま)で覆って降臨させたとも記されている。真床覆衾は新生児をくるむ寝具のこと。穀物の霊である瓊瓊杵尊を示唆していると解釈されている。また天皇の即位式である大嘗祭(だいじょうさい)の意味を説明しているともされる。なお人間の始祖や統治者の祖先が天界から降る神話は、アジア諸国に広く見られる神話である。

昔話「浦島太郎」の元となった神話

033 海幸彦・山幸彦

海神の力を借りて兄を従えた山幸彦

瓊瓊杵命と木花開耶姫の間に生まれた皇子のうち、火闌降命は海の幸を得る霊力をもつ海幸彦、彦火火出見尊は山の幸を得る力をもつ山幸彦と呼ばれた。

ある日、兄弟はお互いの道具を交換したが、山幸彦は兄の釣針を魚に取られてしまう。海幸彦は大いに憤慨、山幸彦は自分の十拳剣を砕いて作った釣針を渡そうとしたが、海幸彦は受け取らない。困り果てた山幸彦は海岸で塩土老翁と出会い、その導きで海神宮へ赴いた。そこで出会った海神の娘・豊玉姫と夫婦となり3年を暮らした。

ある日、山幸彦は失った兄の釣針を取り戻すことができたため、陸へと戻る。そのとき海神より潮の満ち引きを制御する2つの宝玉を譲られた。山幸彦はこの玉を使って兄を懲らしめた。その後、海幸彦の子孫である薩摩の隼人族は朝廷に奉仕する事となった。

神の援助と自らの知略で畿内を平定

034 大和への旅立ち神武東征

長髄彦の激しい抵抗に大いに苦しめられる

日向を治めていた神日本磐余彦（後の神武天皇）は45歳の時、より上手く葦原中国（日本）を治めるため、兄と共に東へ旅立った。まず筑紫国の菟狭や安芸国、吉備国といった瀬戸内海に面する国々に立ち寄った後、河内国の白肩之津に上陸した。しかしそこには、天皇と同じく天孫である饒速日命を奉る長髄彦が軍を率いて待ち構えていた。この戦いで磐余彦は大きな被害を受け、熊野から大和へ迂回することにした。

熊野に上陸した時に、高倉下という者が夢のお告げで得た武甕槌命の霊剣・布都御魂を磐余彦に捧げた。また天照大神からは頭八咫烏（P83参照）が送られ諸勢力を次々と従える。饒速日命も磐余彦に帰順したが、それに従わない長髄彦を饒速日命が討ち取ったことで、大和はついに平定された。

その後、磐余彦は大和の橿原宮で即位の儀を行った。

035

日本サッカー協会のシンボルマークにも採用

導きの使い頭八咫烏

太陽神の化身と考えられる三本足の烏

頭八咫烏は、『日本書紀』では苦難に面していた神日本磐余彦の夢に現れた天照大神により遣わされた神鳥。頭八咫烏は熊野から大和へ向かう峻険な山路の案内役となる。また宇陀の兄宇迦斯・弟宇迦斯の兄弟を帰順させる使者として遣わされた。

記紀では頭八咫烏の姿についてははっきりとした記述はされていないが、現在では3本の足を持つ烏の姿で描かれる。これは中国の神話の影響を受けたといわれる。中国では3本足の烏が太陽に棲んでいると考えられていた。その神話を取り入れ、太陽神である天照大神が遣わした頭八咫烏と同一視したのではと考えられている。

また頭八咫烏は賀茂建角身命の化身であったという説もある。賀茂建角身命は山城国の葛野を本拠とした賀茂氏の祖神とされる。賀茂氏は朝廷で天皇のそば近く仕えていた。

036 日本武尊の熊曾征伐

素戔嗚尊と並ぶ日本神話の英雄

熊曾征伐で名を挙げた景行天皇の皇子

日本武尊は第12代景行天皇の皇子である。幼い頃は小碓尊と呼ばれていた。『古事記』によると、双子の兄であった大碓皇子に父の景行天皇の命を伝えるが、兄がそれに従わなかったため、手も足も摑みつぶしてバラバラにもぎ取って殺してしまったとある。これを聞いた天皇は小碓尊の荒ぶる気性をおそれて、西国の熊曾征伐へと派遣した。

小碓尊は単身熊曾まで赴いて熊曾の首領である熊曾建兄弟を討ち取る機会をうかがった。そして、叔母の倭比売命から給わった衣装を身にまとって女装をし、給仕の女たちの中に紛れて熊曾建兄弟に近づき、懐剣で二人を刺し殺した。この時、絶命寸前の弟からその武勇と知略を讃えられ、

「今後は日本武尊と名乗られよ」と献じられた。

その後、日本武尊は東国も平定したが、帰途に神の怒りを受け没している。

037 悲劇の姫・弟橘媛

愛する夫のため海神に命を差し出した姫

日本武尊のために命を捧げた愛妻

熊曾を平定し京に戻った日本武尊は、再び景行天皇の命により東国平定の軍を催し、東国へと旅立った。しかしこの旅は苦難の連続であった。相模国では国造の計略により、周囲を野火に囲まれた。この時は、倭姫命から賜った神剣・天叢雲剣で草を薙ぎ払い、その草に火をつけて脱出に成功。騙した国造を討ち取った。この剣はその後、草薙剣と呼ばれる。

そして相模から上総国へ船で渡ろうとしたところ、浦賀水道の海神に遮られてしまう。海は大荒れで船は沈没の危機に見舞われた。その時、旅に同行していた日本武尊の愛妻・弟橘媛が海神の怒りを鎮めるため、船から身を投げ入水。媛が生贄となったことで日本武尊は無事上総に到着できた。

日本武尊は征旅の途中に媛を偲んで「吾が妻よ」と嘆いた。これが東国の語源とされている。

寛永21年（1644）に出された『古事記』。
画像提供：国立国会図書館

慶長4年（1599）に出された『日本書紀神代巻』
画像提供：国立国会図書館

第四章

神道 今と昔

人間が生まれ、知恵を身につけ始めると時折襲う心のゆらぎ
地震、雷、大雨、大風、寒波……
明日の糧、明日の暮らしに直結する不安
その不安を不安でなくするために人々は精霊に祈りを捧げ、
やがて神道が生まれた

038

神道は、いつの頃からできたもの？

古代の神道・古神道とは？

精霊※は崇めることで神様になる

神道には、キリスト教やイスラム教のように教典があるわけではない。その教えは？　と、問われても、なかなか答えるのが難しい。

それは日本の長い歴史の中で自然に形づくられたものだからだ。世界に宗教が生まれる遙か以前から、人々は「精霊」の存在を身近に感じていた。自然の山河や木々、あらゆる人工物にさえも「精霊」が宿っていると信じられていた。精霊は時に人に災いをもたらすが、人々をよい方向に導いてもくれる。

また、友のように語らってくれる精霊もいる。多様で人間臭い……なにやら、八百万の神々にも似た感じがしてくる。

それもそのはず、こういった古代の精霊崇拝こそ神道の原点なのだ。やがて人々は、その「精霊」を「神」と言い換えるようになる。

日本へ稲作が伝来すると、農耕民はその土地を開拓した祖先の霊を敬い祭礼を行う

古代の人々は清らかなるものに、神の存在を感じた。清涼な水が大量に流れる滝は、「神」が宿るとして崇められることが多かった。

ようになる。万物あらゆるものに精霊が宿ると考える古代人の思考は、祖先の霊もまた精霊と考えた。そして、祖先の霊は氏神（うじがみ）に、太陽は天照大神（あまてらすおおみかみ）への信仰へと発展。神道はこうしてできあがっていった。

※精霊：日本の古神道では、これを「しょうりょう」「しょうろう」などと読み、万物に宿っている魂を表す。これを「せいれい」と読む場合は、肉体から離れた霊魂を指すようになる。

神社を造ることで神道は発展していった

039 神社神道ってなに？

神社で拝むだけでは宗教ではない!?

古代には世界中に精霊崇拝があった。だが、文明が発展する過程でしだいに廃れていった。

日本において精霊崇拝が廃れずに神道として発展していったのは、神様を祀るための建造物である神社が造られるようになったことが大きい。拝み敬う明確な対象物があることで、人は「神」の存在をより強く意識することができる。

血族集団の村では、団結をはかるために祖先神を祀る祭礼が催されるようになった。その祭事の場所となった神社にはやがて、祝い事があるたびに村人たちが詣でるようになる。

また、役場のなかった時代には、神社が行政の役割の一端を担っていた。

神社の維持運営も、それを必要とする村人たちが自ら行ってきた。氏子はそのための組織である。このように、村々の氏子組織により神社の運営が行われる形態を神社

滋賀県大津市・建部大社

地域住民に愛されている神社には、神社を大切にしたいという人々の願いが込められた様々な神具が奉納されている。参道を飾る灯籠もそのひとつだ。

神道と呼ぶ。

ちなみに、戦前には神社神道は宗教とはみなされていなかった。明治政府は出雲大社教、天理教などの13宗派を神道系の宗教として公認していたが、こちらは教派神道※と呼ばれ、神社神道と区別されていた。

※教派神道（きょうはしんとう）：明治時代に教派として公認された神道系教団の総称。その多くに、教祖や創始者が存在する点が神社神道との大きな違い。

神様の擁護派だった豪族・物部氏を滅ぼしてはいるが……

040 聖徳太子は神様がキライだった？

仏教派の蘇我氏は有力な支援者だった

6世紀前半の頃、日本でも仏教が流行するようになる。蘇我氏はとくに熱心な仏教信者となり仏像崇拝を奨励するが、物部氏がこれに反発。寺を破壊するなど、過激な行動に出た。蘇我氏と物部氏は、当時の朝廷内で勢力を二分する有力豪族。諸豪族は仏教と神様どちらを信じるかで、旗色が鮮明になる。信教の争いというよりもむしろ、権力闘争の色合いが強かった。

聖徳太子も熱心な仏教信者であり、蘇我氏との血縁が強いこともあって、政治を行うのに蘇我氏のサポートを必要としていた。つまり、物部氏が政敵となる。そのため自ら軍勢を率いて物部氏を滅ぼし、これにより朝廷内の勢力は仏教派で占められるようになった。そして、太子は摂政※となり仏教の教えをもとに政治を行うのだが……それと共に供え物を送って各地の神社を祀っている。敵対していたのは、あくまで仏教を迫害した物部氏ら廃仏勢力。太子は仏教信者ではあるが、八百万の神々を嫌っていたわけではなかった。

※摂政（せっしょう）：幼少や病弱な天皇に代わって政治を執り行うこと。

聖徳太子を祀る神社

聖徳太子を祀る神社も全国に数多い。それは、太子が神々そのものと敵対したり、それを信じる者たちを迫害しなかったというひとつの証拠でもある。たとえば、栃木県栃木市には、太子を主祭神としたその名も『聖徳太子神社』があり、地元の人々から篤く信仰されている。また、東京の『富岡八幡宮』の様に、境内社（けいだいしゃ）として聖徳太子を祀っている神社をよく目にすることができる。

041 神仏習合から廃仏毀釈まで

昔は神様と仏様はもっと密接な間柄だった

明治政府の政策で神と仏は分離された

神様と仏様を表裏一体のように考えた日本人の思考からすれば、Ｐ27で紹介した神宮寺のように、寺と神社が同じ境内にあるのは何ら不思議なことではない。お寺の境内に小さなお稲荷さんの祠があったり、神社に寺院の建造物である五重塔があったりするのが、そのいい例。神様と仏様を同一視して、同じ境内に社寺が共存していることを「神仏習合」という。明治維新より前は、こういった実例は多く、神様と仏様の関係も密接だった。

しかし、明治新政府は神道を重視して事実上の国教とする。このため外来の宗教である仏教との境目を明確にする必要に迫られ、明治元年（１８６８）に、神仏習合を禁じ、神社の境内から仏像をはじめとする仏教的なものをすべて分離する神仏分離令を発布した。

この法律の制定を契機に、民衆が寺院に放火したり、仏像を破壊する廃仏毀釈と呼ばれる騒動が全国各地で頻発。神社の敷地内以外にある寺まで標的となった。

しかし、政府にはそこまでの意図はなく、穏便に仏教施設を神社から他の場所に移転することを目的としたものだったが……民衆の過剰反応により、暴力的な仏教排斥（はいせき）運動に発展してしまう。それまで江戸幕府によって、様々な優遇措置を受けてきた寺院への反発がその大きな要因とされる。寺が管理する宗門人別改帳※は、幕府の民衆への監視にも利用されてきた。憎き幕府の手先と、寺が人々の恨みを買うことも多々あったようである。

※宗門人別改帳（しゅうもんにんべつあらためちょう）：江戸時代に民衆の信仰する宗教を調査する目的で作成された。後に、幕府は戸籍や租税台帳（そぜいだいちょう）としても使用し、民衆を管理する目的に転用した。

042 皇室と神道

国家の安泰を神々に祈ることが、天皇の最も重要な仕事

天皇家の祭祀は明治時代に増えた

古来から天皇の最も重要な仕事は、皇室と関係の深い神々や祖霊への祭祀を行うことだった。天皇が直接に政務に携わらなくとも、神々を祀ることで国は平穏に治まり、五穀豊穣がもたらされると考えられていた。神職が村の豊穣や、個人の祈禱を行うように、天皇は国家の安泰を願って神を祀るのである。

明治41年（１９０８）に制定された『皇室祭祀令』によって、皇室の祭祀は天皇が自ら行われる「大祭」と、宮中の祭祀を担当する部署を統括する掌典長が執り行う「小祭」とに分けられた。天皇自ら行われる大祭は年間に9つ。その多くは明治時代以降に始められたものだという。古くから伝えられる祭祀は10月17日の神嘗祭と、11月23日の新嘗祭だけ。どちらも豊作を祈念する祭りで、皇室の祭祀のなかでも最も重要なものだ。また、命日では、先帝の崩御の日には先帝祭が、先帝の皇后の命日にも式年祭が行われる。さらに、3代まで遡りそれぞれの式年祭が行われている。

043 天皇陛下はお忙しい！

現代の天皇の仕事は、祭祀だけではない

国家の象徴として様々な行事にも行幸啓

　戦後は憲法に規定された政教分離（せいきょうぶんり）の原則により、天皇が行われる祭祀（さいし）もあくまで皇室の私的な行事とされた。が、祭祀にかかる時間と労力は戦前と変わらない。天皇が行われる祭祀の儀式は、我々が神社に参拝するような気軽なものではない。太古から伝わる作法に則り、簡略化することなく行われる。そのため新嘗祭（にいなめさい）などは、一昼夜にもなる長丁場なのだとか。体力的にもかなりきついはずだ。

　これにくわえて、戦後の天皇は国家の象徴として、全国植樹祭や国民体育大会など様々な国民的行事に行幸啓し、大災害があれば被災地にも慰問に訪われる。さらに、外交の場でも重要な役割を担われている。他国の国家元首や要人を招いての宮中晩餐会、あるいは、諸国への外遊にもでかける。天皇のご訪問は迎える国の側からしても、数年で交代してしまう首相などより、よっぽど栄誉なことと感じられるようだ。皇室外交の効果は計り知れない。天皇陛下は本当にお忙しいのだ。

044 神道の祭祀

神社の祭りにはどんな意味があるのか？

神様と出会うために祭祀は行われる

「祭祀」とは、神々を祭る（祀る）様々な儀式のことをいう。「祭り」の語源の一説に「待つ」。つまり、神様が現れることを期待して待つ。祭祀は、神様との出会いを求めることを目的に行われるのだ。

「祭り」は「政」にも通じ、古代の小さな国々において、それぞれに国事を占う祭祀が営まれた。それが伝承されて神社の祭りになったと考えられる。かつての祭りは、国の指導者や神事に携わる者たちが、密かに行った儀式。神楽なども神様を楽しませることだけを目的に、非公開で催された。それがやがて氏子なども参加するようになり、現在のように多くの見物人が押し寄せ、誰もが楽しめるイベントと化したのである。

祭祀では必ず神職による祝詞が朗誦されるが、これは簡単に言い表すなら、神様を讃えその加護を得るためのスピーチである。結婚式や厄払い、家を建てる時の地鎮祭など、その目的などにより文言も様々にある。

また、神々への祭祀が国の重要な仕事であった頃は、祝詞の文言も法律によって定められていた。たとえば、延喜5年（905）に制定された律令法『延喜式（えんぎしき）』全50巻のうち、巻1〜10が祭祀関連のもので、その中の巻8に目的に即した祝詞の数々が記されている。

祝詞の起源は？

神様への崇敬（すうけい）を表し、その加護を願う祝詞は、いつの頃から唱えられるようになったものか？　その起源は神話の時代にまで遡るという。天石窟（あまのいわや）に隠れた天照大神（あまてらすおおみかみ）に、天児屋命（あまのこやねのみこと）が、出てくるよう願って祝詞を唱えたのが最初とされる。また、「のり」は古語で「宣言」という意味があり、「と」には呪術的な意味合いがあった。その二つが合わさって「祝詞＝のりと」という造語になったといわれる。

045 伊勢神宮と出雲大社

平成25年(2013)に両神社ともに式年遷宮が催された

日本の代表的な神社といえば、まず思い浮かぶのが伊勢神宮と出雲大社。

宮中には朝廷の祖神である天照大神の依り代となっていた三種の神器が安置され、代々の天皇が自ら祭祀を行っていた。しかし、第11代垂仁天皇の頃、伊勢国に社が創建されて八咫鏡と天叢雲剣もこちらへ移されたと伝えられる。伊勢の社では、代々の皇女が天皇に代わって祭祀を行うようになった。これが現在の伊勢神宮のはじまりである。

また、出雲大社の歴史は伊勢神宮よりもさらに古く、神代の頃にまで遡るという。大国主神は出雲の国譲りを行った際、その条件として天孫の宮殿と同じくらい大きく立派な宮殿を建てて欲しいと望んだ。こうして造営されたのが出雲大社だと伝えられる。平安時代の本殿は、創建時よりも小ぶりになったというが、それでも高さは48メートル。現在の本殿の倍の高さで、※日本最大の木造建造物だった。

古くから「お伊勢」さんの名で、全国の人々に親しまれた伊勢神宮。江戸時代には、多くの庶民が遠路はるばる参拝にやってきた。写真は石段の下から内宮を眺めたものだが、ここから上は撮影禁止となっている。

出雲大社と伊勢神宮は、一定周期で本殿が建て替えられる式年遷宮が行われることでも知られる。伊勢神宮の場合は、原則として20年に一度。また、出雲大社は60年に一度の式年遷宮が行われることになっている。そして、平成25年（２０１３）は、この日本を代表する２つの神社が式年遷宮を行う年にあたっていた。

※日本最大の木造建造物：平安時代の書物には「雲太、和二、京三」と記され、出雲大社（雲太）は東大寺の大仏殿（和二）や平安京の大極殿（京三）より大きかったとある。

伊勢神宮内宮

五十鈴川に架かる宇治橋を渡れば、そこは内宮の神域。
第一の鳥居から先にも参道は延々とつづく。

内宮の正式名称は「皇大神宮」。天照大神が祀られ、御神体となる八咫鏡が安置されている。この内宮と外宮の周辺には125の別宮や末社があり、これを総称したものが伊勢神宮となる。

伊勢神宮外宮

外宮だけでも境内はかなり広大。
豊受大御神を祀る本殿の周辺には、様々な別宮が建てられている。

外宮の正式名称は「豊受大神宮」。内宮とともに「正宮」と呼ばれ、伊勢神宮の中核である。祀神は、天照大神の食事の世話をする豊受大御神。産業の神様として様々な企業から信奉されている。

これも神道だった？ 意外と身近な神道

1年365日
誕生から死去する日までの間
日本人は多くの神事に触れながら生きていく
初宮参り、七五三、成人式さらには、
節分、節句、厄除けなど
我々の身の回りには神道由来の行事があふれている

046 年中行事と神道

日常生活に根付いた神道行事

食事のあいさつも神道の宗教儀礼？

神道はキリスト教やイスラム教、仏教と比べると、あいまいな宗教といわれる。これは、宗教の教えを明確に示した教典がないことが大きな理由。しかし神道の宗教観に基づいた考え方は、日々の生活を通して日本人の心に自然と入り込んでいる。

例えば食前の「いただきます」は、神から供される食物をいただく（食べる）ことで、生命力が維持されることへ感謝を表すあいさつといえる。そして、神を敬う気持をより厳粛かつ壮大に表す方法が、お祭りをはじめとした年中行事である。

現在の伝統行事は、神道だけでなく仏教にまつわる行事や、中国で民間に信仰された陰陽五行説にまつわるものも多いが、その根底は神道的な信仰に結びついていると考えられている。

神道行事の中心的な考えといわれているのが、「神人共食」と呼ばれる儀礼である。神に奉仕する者が斎館や精進屋と呼ばれる特別な場所に籠って身を清め、食事も家庭の火を使わない特別な献立を食べる。そうして身を清めていくと、神がその身体に入るとされた。神人一体化した者は神の言葉を述べ、吉凶を見通せるのだ。そして神が来られたことに感謝をし、神と共に食事をする。この、神を迎え食事をすることが祭りのはじまりだったのである。

神々を迎え奉り食事を共にする

年中行事は「神人共食」がより一般化したものであることが多い。五穀豊穣を祝う、いわゆる神社系のお祭りはもちろん、五節句といわれる人日（1月7日）、上巳（3月3日）、端午（5月5日）、七夕（7月7日）、重陽（9月9日）を祝うのに特別な食物やごちそうを食べたりするのは、この神人共食の考え方からきている。旧暦の季節の節目をあらわす二十四節気である立春や夏至、秋分や冬至といった日にも「神人共食」の考えが取り込まれ、神道的な行事に変化している場合もある。

外来宗教である仏教にも、日本に広まる過程で神道の考え方が色濃く反映されている。本来、釈迦の説いた教えの中には、先祖の供養や霊を鎮めるという思想はまったくない。しかし日本では、墓参りや※盂蘭盆といった鎮魂供養儀礼が行われ、その儀礼の中には「神人共食」が取り込まれている。

神々や祖霊（先祖）を迎え入れ食事を共にする行事は他にもある。花見や山開き、川開き（P110参照）といった行事は、田の神や山の神、川の神を迎え入れる祭りが、行事として定着したものだ。

※盂蘭盆：先祖の霊を家に迎え入れ冥福を祈る仏事。現在は、省略して「お盆」と呼ばれることのほうが多い。

門松ってなに？

正月を迎えるにあたり、松の生木を門口に立てることから門松と呼ばれるが、拝み松・飾り松・祝い松・門ばやし・門神柱など地方により呼び方も変わる。また用いる生木も榊・杉・椿・椎・楢・栗など、様々である。門松は、正月に吉方から来臨して年中の安全と豊作とを約束する「年神」の依り代とされる。また門松を立てない地域もあり、飾り方にも地域・職業などで違いがある。

047

仏教行事で1年を締め神道行事で新年を迎える

除夜の鐘と初詣

大晦日の夜半から元日にかけて108回突かれるのが、除夜の鐘。人間の煩悩の数は108あり、その消滅を祈願するために鐘が突かれる。中国の宋で始まり、日本へ伝播した仏教の行事である。

有名神社への初詣は明治時代から

初詣は大晦日の夜から元日の朝にかけ氏神の社に籠り祈願をする「年籠り」という儀式が原型とされる。それが大晦日の夜に参詣する除夜詣と元日の朝に参詣する元日詣に分かれていく。元日詣は氏神とその年の恵方にある社寺に詣でていた。

現在のような形で初詣が行われるようになったのは明治中期からと言われている。電鉄会社の路線の中に参詣客輸送を目的として開通させたものがあった。そして関西の電鉄会社が正月の乗客率を上げるため恵方詣の宣伝を行い、それが神社仏閣への初詣の習慣化へつながったとされる。

048 成人式

貴族は衣冠束帯、武家は烏帽子を冠する成人式

大人として社会に迎えられる大事な儀式

「成人式」はかつては「元服」と呼ばれた、冠婚葬祭のうち「冠」に当たる通過儀礼である。もともとは古代中国の風習を模して、平安時代以降から行われるようになった。12～16歳の男児が氏神の神前で、子供の髪型と衣装を大人のものへと改める儀式であった。

庶民でも同様の儀式が行われていたが、元服をした成人が集団生活を行い信仰行事や民俗芸能、共同労働などを学ぶ「若者組」への参加とセットになっていた。そこでの共同生活を通して成人としての自覚を獲得したのだ。

この若者組の風習は現在でも青年団や消防団の活動などに残るが、戦後になると全国的に縮小している。

なお、埼玉県蕨市の若者組が昭和21年（1946）11月22日に主催した青年祭が、現在の公共機関による成人式の発祥とされる。

049 節分

邪気を払い陽神を迎え入れる追儺の行事

夜に豆を撒くのが本来の作法だった

節分は季節の節目を表すことばで、もとは立春・立夏・立秋・立冬の前日のことを示す。しかしいつしか立春の前日（旧暦の大晦日）だけを節分というようになった。これは古代中国の習俗が日本に渡り、宮中行事となったとされる。新春を迎えるにあたり新年の五穀豊穣や善福を祝う行事に、邪気や災難を祓う「追儺」の儀式が加わっていった。

追儺の儀式は鬼やらい・なやらい・厄払い・厄おとし・厄神送りなどと呼ばれる。節分の夜に炒った大豆（鬼打ちの豆）を撒いたり、柊の枝に鰯の頭を刺したものを戸口に飾る「やいかがし」をして、邪気を追い払う。

この行事は庶民へも広がり、現在では全国的な行事となった。

近年では、関西地方で行われていた恵方に向かい太巻きを食べる「恵方巻き」の風習も浸透してきている。

050 山開き・川開き

初夏に行われる解禁告知の神事

山開きは山岳信仰から、海開きは近代の行事

初夏になると全国各地で山開き・川開きが行われる。どちらもその地への遊行の解禁告知行事だが、そのルーツはかなり異なる。

山開きは一般人に登山を許すことだが、山を霊場とみなす山岳信仰が盛んだった日本では、かつて山は山伏（やまぶし）や修行僧たちのみの世界で、一般人は入山を禁じられていた。しかし江戸中期以降から、一般人が山頂の祠（ほこら）に詣でる登山が行われるようになった。そのため期日を決めて山を開放するようになり、その初日が山開きといわれる。

同じように河川にも、魚とり・納涼・水泳などを禁止していたものを公開する日があり、こちらは川開きと呼ばれる。隅田川の花火大会も本来は川開き前日のイベントであった。ちなみに海開きは、山開きや川開きに習い、海水浴の遊泳解禁を知らせる、近代に始まった行事である。

051 五節句

古代中国の習俗と日本の習俗が交じって成立

季節を感じながら善福を祝う節目の日

古代中国では、奇数の重なる日に季節の植物を用いて邪気を祓う習わしがあった。これが五節句で、奈良時代には日本に伝わり宮中行事となり、江戸時代は公的な行事を行う祝日として制度化された。

人日（1月7日）は、七草の粥を食べて祝う日。上巳（3月3日）は、水辺に出て不浄を除くための禊祓を行い、宴会を催して祝す日。禊の祭具として人形を用いた事が雛祭りへと変わっていった。端午（5月5日）は菖蒲で作った鬘や冑をつけ騎射を観覧するなど武芸に親しむことで、武家政権時代に男子の節句となった。七夕（7月7日）は婦女子が裁縫が巧みになるのを乞い願う「乞巧奠」と牽牛織女二星の会合祭りが習合した祭りとなった。重陽（9月9日）は邪気払いと長寿を祈念して菊酒を飲むことが習わしだ。

明宮嘉仁親王（大正天皇）と九条節子姫のご成婚が始まり

052 意外と新しい神前結婚式

ご成婚の新聞報道がきっかけで始まった

新郎新婦が神職立ち会いのもと、伊奘諾尊・伊奘冉尊の神前で夫婦の誓詞を発し、三三九度の盃を交わす。これが神前結婚式の式次第。

神前結婚式は明治時代、神社の社格制度が整備される中、通過儀礼として婚儀も整備された。しかし一般には普及しなかった。神前結婚式が注目されたのは明治33年（1900）。皇太子の明宮嘉仁親王（後の大正天皇）と九条節子姫の婚儀が皇居内の賢所で行われた。これが新聞などで大々的に報じられ、国民に深い感銘を与えた。

翌年、伊勢神宮の崇敬団体である神宮奉賛会が神前結婚式の普及を目的に、日比谷大神宮（現在の東京大神宮）で模擬結婚式を行った。明治40年代になると東京府内の神田神社（神田明神）や日吉神社などが次々と神前結婚式を行うようになったが、全国的には家庭で行う結婚式が主流であった。しかし、戦後になると住宅事情の変化や経済発達により家庭での結婚式が減り、神社や会館での神前結婚式が急速に増えた。

053 七五三

全国的に広がったのは戦後になってから

明治時代は東京の地域的な祝祭だった

11月15日に子供の成長を祝い氏神へ詣でるのが七五三。3歳の男女児の髪置、5歳の男児の袴着、7歳の女児の紐落の儀礼がある。髪置はそれまで剃っていた幼児の髪を伸ばすようにすること。袴着は初めて袴をつけること。紐落は帯解ともいい、付け紐で着ていた着物を帯で締めるようにすることである。古くは公家の行事だったが、11月の収穫祭と、子どもの成長と加護を祈った関東地方の風習が結びついて、江戸城下では盛大に祝われる行事となった。参詣後に千歳飴を買って帰ることが行われるようになったのも、この頃からといわれている。

ただ、この行事が七五三と呼ばれるようになったのは、明治時代の東京。やがて全国へと広がり、子供に晴れ着を着せて、お宮参りをするようになっていった。

054

身近な晴れの日といえば五穀豊穣を祝う秋祭り

お祭りも神道行事だ！

祭りの山車や御輿は神様が鎮座する場所

今の日本人にとっては、初詣と秋祭りは最も身近に感じられる大きな神事であろう。童謡『村祭り』で「村の鎮守の神様の」と唄われているように、鎮守の神＝氏神に収穫の喜びを祝う晴れの日であった。収穫祭であるため多くは稲を刈り終えた秋に行われる。農耕民が主流である日本人にとって、収穫祭は厳粛な儀式であると共に、日頃の辛い労働から心身を解放させ、共同体としての絆や生命の喜びを再認識する意味合いもある。

祭りでは御輿や山車が繰り出され、神楽舞が奉納されたりもする。いずれも神を迎え奉じる儀式である。御輿は神体（御霊代）を奉安する輿で、氏子により担がれ氏子区域を巡幸するのに用いられる。語源は、「輿」に敬語の接頭語「御」をつけたもの。「御」の代わり「神」を当て表記されることも多い。山車は壇尻とも呼ばれ、依り代を運ぶ屋台。御輿よりも成立は古く、京都八坂神社の祇園山鉾がその源とされる。

また祭りに付き物の飲食の屋台は、神人共食の延長にあると考えて、大いに楽しみたい。

奉納相撲

相撲の始まりは、垂仁天皇7年（紀元前23）7月7日に野見宿禰と当麻蹶速が力を争ったとされるのをはじめとする。その後七夕の節句で相撲節会が開催されていた。武家社会になると相撲は武士の楽しみとなり、江戸時代には相撲見物が盛んに行われていく。しかし民衆には相撲見物は禁止とされていた。それが変わったのは寺社へ奉納する勧進相撲という神事と合わさってからであった。

055 神葬祭(しんそうさい)

神式の葬儀は明治になって復活した

神々の住まう幽世(かくりよ)の世界へ帰る儀式

神道の死生観は、人はみな神の子であり、神のはからいによりこの世に生まれ、役割を終えると神々の住まう世界へ帰り、子孫たちを見守るというものである。

神葬祭は死者を神の世界へ送り返す儀礼で、神職によって執り行われるが、その会場は自宅や葬儀会館で、神社では行われないのが仏葬との大きな違い。戒名はないが神職から諡名(おくりな)が与えられる。一般的には個人の氏名のあとに尊称を重ね、成人男性なら「大人(うし)」、成人女性なら「刀自(とじ)」を付け「命(みこと)」でくくられる。遺骨や遺骸は、四方に竹を立てて注連縄(しめなわ)で囲った奥津城(おくつき)と呼ばれる墓に納めら、故人の霊を鎮める御霊(みたま)祭が決まった日程で行われる。自宅では故人の御霊が宿る霊璽(れいじ)（仏式の位牌にあたる）を祖霊舎[※]（御霊舎(みたまや)）に納め、これに拝礼をする。

※祖霊舎(それいしゃ)：霊璽を収める仏式の仏壇に当たるもの。

殯（もがり）と殯宮（もがりのみや）

人間の死後、埋葬するまでの間、遺骸を棺に納めて特別に設けられた建物に安置しておく葬送儀礼が殯である。そのための建物は喪屋（もや）と呼ばれ、特に天皇・皇族の喪屋を殯宮と呼んだ。殯宮は宮中に設けられ、天皇の殯宮儀礼の場合、殯宮内に皇后・皇太后・皇女など肉親の女性の籠り儀礼が行われた。儀礼の期間は天皇や王族の場合は1年以上に及ぶこともしばしばで、5年を超えることさえあった。

千葉県印西市・鳥見神社

これが神社だ！

日本人にとって神社は心の拠り所
鳥居をくぐり、手水舎で手と口を清め
狛犬の出迎えを受け拝殿前に立つ
姿勢を正して拝礼し柏手を打ち
そして静かな境内で
一心不乱に神様に祈る場所

神社には鳥居に手水舎、狛犬や灯籠以外にも……

不思議な建物が盛りだくさん

絵馬を奉納するのはいつ頃始まった?

神社の境内には様々な建造物がある。神社によってはいろいろと相違もあるが、だいたい大まかにはよく似た配置。鳥居や手水舎、狛犬など重要な配役については、この後のページで詳しく解説するのでここでは省く。

まず、鳥居から境内に入ると、正面に拝殿、その奥に本殿。鳥居と拝殿を結ぶ参道に沿って灯籠が並ぶのだが、この灯籠は寺院でもよく見かける。

灯籠は仏教の伝来とともに伝えられ、奈良時代には寺院で用いられるようになった。そして平安時代には神社でも使われ、やがて街道や港の照明にも使われるようになっていく。

また、絵馬はもともと権力者などが、寺社に実物の馬を奉納したことに由来する。奉納された馬は、神馬として境内の神馬舎で大切に飼われた。

現在は神馬を飼っている神社も少なくなったが、馬の像が境内に奉納されている神社が多いのはその名残り。しかし、庶民では高価な馬を寄進することもできず、その代用に土で造った馬の像や紙に描いた馬の絵などを奉納した。

江戸時代から願い事を書くようになった

平安時代の頃より、紙よりも安くて丈夫で長持ちする板に描いた絵馬が一般的なものになる。そして、江戸時代になると商売繁盛などの願い事を書くようになった。最近はプライバシー保護のために、住所や名前を記した箇所にそれを隠すステッカーを貼るタイプの絵馬も普及するようになっている。

また、境内に神楽殿（かぐらでん）を設けている神社もある。神を祀る舞楽（ぶがく）を奉ずる舞台だが、昔は村祭りで狂言や能なども催され、民衆たちの娯楽の場ともなっていた。

当たり前だから気にもしなかったけど

056 なぜ神社には鳥居があるの？

鳥居は、神様の住まいの玄関口!?

神様を祀った神域、その入口の目印になるものとして鳥居が設置されたという説が有力。つまり、人間の住む世界と、神様の住む場所の境界を示す目印と考えればいいだろう。その「目印」がなぜ鳥居と呼ばれるようになったかについては、諸説がある。たとえば、天照大神が天石窟に隠れた時に、八百万の神々は石窟の入口で鶏を鳴かせ、天照大神を誘い出そうとした。この時に、鶏を止まらせるために、止まり木が置かれた。つまり、「鶏がいる場所」だから、鳥居となったとされる。また、ほかにも「通り抜けて中に入る」という言葉が訛って「通り入る＝鳥居」となったという説などもある。

鳥居はまた、神様が住む清浄な神域に、穢れたものが侵入することを阻む玄関口で、防衛装置である。その形状に目をやれば、装飾がほとんどない「神明鳥居」や、最上部が湾曲した「明神鳥居」など、一見同じように見える鳥居にも様々な形がある。

057
神社には渡りにくい橋がある……

御神橋は渡っていいの？

御神橋を渡ったほうが御利益も大きい

伊勢神宮の内宮へ通じる五十鈴川に架かる宇治橋は、人々を神の住む神域へと誘う重要な装置と考えられている。また、鳥居や注連縄と同じように、外界と神域の境界を示すものでもあるようだ。

他の多くの神社でも、宇治橋と同様の意味をもつ御神橋を目にすることがある。石造りのそり橋が多く、円弧状になった形状から「太鼓橋」とも呼ばれている。御神橋は神様が渡り、また、参拝客も渡っていいのだが、そりのお陰でとても渡りにくい。しかも、なかには柵を設置して渡れなくしてある御神橋もある。しかし、これは参拝客が滑ったり転んだりして、事故が起きることを防ぐ措置だと考えられる。

もともと、御神橋を渡って参拝したほうが、縁起が良くご利益も得られるともいわれているのだが……。

058 手水舎は何をする場所？

手水を使うことも、神様と会うためのマナーのひとつ

神様と会うために身を清める場所

鳥居を抜けて神域に入った時、あるいは、拝殿の脇で必ず目にする神社の設備のひとつに手水舎※がある。境内に足を踏み入れたら、まずここで水をたたえた鉢の上に置かれた柄杓を使って、手を洗い口をすすぐのが参拝の作法である。また、水はあくまで口をすすぐだけで、飲んではならないことになっている。この行為は禊を簡略化したものとされている。

神の住む領域である境内に入るためには、俗世間の穢れを水で洗い流さねばならない。まず手水で身を清める。それが、食事の時に手を洗うのと同じように、神様と対面する時のマナーなのだ。

神社がなかった古代の頃にも、人々は神を崇める時には、水で身を清めていた。神域に踏み入る前には、その付近を流れる河川や池などに入り、体を洗って身を清めていたという。冬期でも冷たい水に入るのだから、神様を拝むのも昔は大変だった。

東京都渋谷区・金王八幡宮の手水舎。龍は、水の神様の使い（水の神様とも伝えられる）とされる想像上の神獣。水を扱う場所だけに、その神聖な龍神の装飾を施した手水舎も数多い。

ちなみに、神話の中でも、伊奘冉尊（いざなみのみこと）を訪ねて黄泉国（よみのくに）から戻ってきた伊奘諾尊（いざなきのみこと）もまた、その穢れを払うために河川のそばの海に入り身を清めている。

※手水舎：その読みは「ちょうずや」が一般的だが「てみずや」「てみずしゃ」など、諸説ある。

059 ところでいったい狛犬ってなに？

神社の境内には必ずっていうほど置かれているけど

狛犬は古代メソポタミアから伝えられた

鳥居が神社の玄関口とするならば、狛犬の役割はその玄関を守るガードマンといったところだろうか。神社には欠かせないもののひとつである。

狛犬は、鳥居か拝殿の左右に1頭ずつ配置されることが多い。よくよく見比べてみれば、社殿に向かって右側の狛犬は口を開いた「阿形」だが、左側のほうは口を閉じた「吽形」。つまり、お寺の山門を守る仁王像と同じ「阿吽」の形を成しているのだ。それもそのはず、狛犬は仏教の伝来とともに日本へ伝えられ、当初はお寺の門前にあったもの。神社に狛犬が取り入れられたのは、鎌倉時代になってからのことだという。

その発祥はメソポタミアやエジプトにまで行き着く。古代には、これらの地方にもライオンが棲息していた。人々はこの最強の肉食獣を畏怖して、邪悪なものを払う神獣として崇めた。その神獣の姿が像となったのである。

朝鮮半島の高麗から伝わってきた当初の、たてがみを生やしたライオン像は「獅子」と呼ばれていた。しかし、ライオンに馴染みのない日本人は、そこからさらにイメージを膨らませて頭部の角を生やした「高麗犬（こま）」を考案。この「高麗犬」がやがて「狛犬」と呼ばれるようになる。

「獅子」と「狛犬」は同じように寺の門前に置かれたが、平安時代の頃まで両者は区別され、人々もその違いを認識していたという。しかし、神社に狛犬が置かれるようになったのとほぼ同じ頃から、その区別も曖昧に。どちらも狛犬と呼ばれるようになる。

獅子以外の動物もいる？

狛犬と同様に、邪気を払う神獣は他にも数多くいる。龍や狐、猪、狼、牛など、神の使いとされている動物は多い。これらの動物も像となり神社の境内に置かれている。全国各地の稲荷神社で見かける狐などは、その代表格だろう。また、春日大社や厳島神社の鹿、住吉大社の兎、日吉神社の猿、天満宮の牛も有名。このほかにも、神社の神使として特定の動物を用いる例は多い。

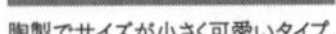

滋賀県・建部大社

陶製でサイズが小さく可愛いタイプ。

兵庫県・粟鹿神社

風格がある、木彫りの狛犬です。

徳島県・大麻比古神社

目が大きく細い足、かなりユニーク。

日本全国
狛犬コレクション

神社の狛犬が皆同じカタチをしていると思ったら大きな間違い！　見比べてみれば、その風貌は千差万別。神社めぐりの楽しみのひとつに、好みの狛犬探しを加えてみませんか？

福岡県・香椎宮

立派な体格に、小顔自慢の狛犬です。

山口県・住吉神社

ちょっぴり北島三郎似？　失礼！

鳥取県・倭文神社

なんだか怒らすと怖そうです。

大阪府・道明寺天満宮
威風堂々とした力強さが溢れている。

広島県・素盞嗚神社
一芸を仕込まれた雑技団風。

静岡県・久能山東照宮
金箔が貼られたゴージャス狛犬。

宮城県・陸奥総社宮
小石をかき集めるイタズラ小僧風。

東京都・布多天神社
その分厚い唇が、とっても魅力的？

千葉県・寒川神社
もしかして帽子を被っているの？

高知県・土佐神社
陶製の狛犬は、頑固親父タイプです。

福島県・伊佐須美神社
とても立派な角が生えてます。

神奈川県・鶴岡八幡宮
こちらは……西川きよし風かも？

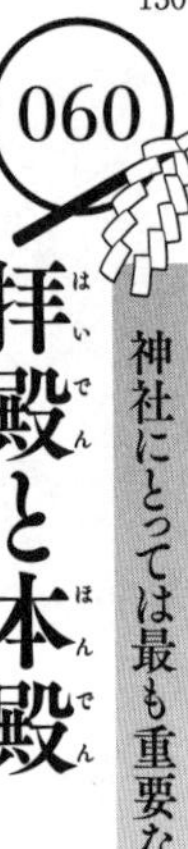

拝殿と本殿

神社にとっては最も重要な場所

仏教寺院を意識して古来の様式で建築

拝殿と本殿は、神社の中枢となる最も重要なものである。

拝殿はその名の通り参拝者が礼拝を行うための場所。通常は神様のいる本殿の前に建てられている。正面には一般の参拝客が拝むために賽銭箱や鈴など、拝礼に必要なものが配置されている。

神職が祭事を行うのもこの拝殿で、初宮参りや七五三など、祈禱の際には昇殿を許される。

中には、本殿と拝殿の間に「幣殿」[※1]と呼ばれる独立した場所を持つ神社もある。幣殿は神様に様々なものを奉り、祭祀を執り行う場所になっている。

拝殿の形状は様々であり、ほとんどの場合、本殿よりも大きな建物となり、本殿を隠して喧噪から守る役割を兼ねる。殿内には床を張るのが一般的だが、なかには中央が土間になって通り抜けることができる「割拝殿」と呼ばれる形式も存在する。

また、伊勢神宮や熱田神宮のように拝殿のない神社もある。

寺院の影響で神社の建物が造られるようになり、後世になって様々な神具が追加されている。それだけに、古い時代に創建された神社ほど境内はシンプルな造りになっていることが多いようだ。

質素で装飾がない本殿が神社の中心

本殿（ほんでん）は神社にとって最重要の建物である。そこにはご神体が安置されており、神様が鎮座している場所とされる。一般参拝客は当然のこと、宮司であっても立ち入ることはめったにない。まさしく聖域なのだ。

外来の仏教が、寺院建築にも大陸伝来の建築技法を多く取り入れたのに対抗して、神社の本殿は日本古来からの建築様式（P186～187参照）にこだわった。古代の宮殿に似せて考案されたといわれる大社造（たいしゃづくり）は、出雲大社（いずもおおやしろ）などに代表される形式。このほかに、古代の高床式（たかゆかしき）の穀倉（こくそう）を意識した伊勢神宮に代表される神明造（しんめいづくり）がある。それらの発展型として住吉造（すみよしづくり）、春日造（かすがづくり）、八幡造（はちまんづくり）など、様々な本殿建築の様式が存在する。

また、神社の屋根が檜皮葺き[※2]や柿葺き[※3]などが多いのも、瓦葺きを多く用いる仏教寺院を意識したものとされている。現代の木造建築には使われなくなった古代の建築技法がふんだんに使われており、全体的に質素で装飾がないことも、共通した特徴である。

※1幣殿（へいでん）：幣殿にて神様に捧げるものは、神饌（しんせん）（神様の食事）やお神酒（みき）、さらには衣服など神様にくつろぎを与える品々だ。
※2檜皮葺き（ひわだぶき）：檜（ひのき）の樹皮を重ねて屋根を葺くこと。
※3柿葺き（こけらぶき）：厚さ2～3ミリの薄い板を用いて屋根を葺くこと。

ご神体ってなんだろう？

神様は下界に降臨した時に、樹木や岩などに宿る。それを「依り代（よりしろ）」と呼ぶ。神様が宿っているものだけに、神様と同等に神聖なものとして崇められた。神社が建てられるようになると、その「依り代」がご神体として本殿（ほんでん）に安置される。現在、我々が拝殿の前に立ち拝んでいるものも、その「依り代＝ご神体」である。

古代の神道においては、滝や山などの自然物が「依り代＝ご神体」となることが多く、本殿にはとても安置できない。

たとえば、和歌山県の熊野那智大社などは落差133メートルの那智の滝そのものがご神体であり、このため滝の前に拝殿が設置されている。奈良県の大神神社も三輪山をご神体として、本殿は置かれていない。

時代が下るにつれて銅鏡、剣などの人工物が「依り代＝ご神体」となることが多くなった。

平成の時代になってから創建された山形県の空気神社などは、空気がご神体。素焼きの壺に収めた空気を本殿に安置しているというから……意外とご神体は、森羅万象なんでもありなのかもしれない。

本殿の神様と、摂社・末社の神様たちの関係は？

061 摂社や末社ってなに？

色々な神様たちが境内に同居している

神社の境内には、主祭神が祀られている神社のほかにも、別の神様を祀った小さな社を目にすることがよくある。それを「摂社」あるいは「末社」と呼ぶ。

摂社には本殿の主祭神と縁の深い神様、主祭神の妻子の神様などが祀られることが多い。また、本殿に新しい神様を祀る場合、昔から土地で信仰されてきた神様を摂社とすることもあった。さらに境内に建つものを境内摂社（境内社）、神社の飛び地に建てられたものを境外摂社（境外社）という。

これに対して、末社に祀られる神様は多様。本殿の神様とは縁のない神様が祀られている。それは、氏子たちの要望により人気のある神様を招き、境内に末社を置くことが珍しくなかったからだ。そのため、全国的に知名度の高い神様が末社に祀られていることもある。

明治以降、近代社格制度が制定されると、社格※が府県社以下の神社では、摂社、末

◆ちばじんじゃ・ちばてんじん

千葉神社・千葉天神

所在地／千葉県千葉市中央区院内1-16-1
主祭神／菅原道真公

千葉天神は、千葉神社の境内にある摂社である。平安時代末期に、千葉神社境内に勧請（かんじょう）されたもの。受験シーズンには合格祈願の受験生でにぎわう。

社をすべて「境内神社」や「境外神社」と呼ぶようになる。

そして戦後、近代社格制度が廃止されると、摂社、末社に特別な区別はなくなってしまった。

※社格：明治政府によって定められた神社の格式。神様や神社にも位が定められていた。

神奈川県中郡・川勾神社

神社の参拝マナー

日常生活を送る上では何事にもルールがあり、マナーがある
神社を参拝するのも同じこと
「二拝二拍手一拝」と書かれてはいるけれど……
お賽銭（さいせん）はいつ入れるの？　鈴はどのタイミングで鳴らすの？
そう考えれば、参拝のマナーって知らない事だらけ
正しいマナーを身につけて、
神様に気分よく願いを聞いていただこう！

神様の家の玄関なだけに訪問の挨拶を忘れずに

062 鳥居のくぐり方

挨拶は声を出すよりもまず「一礼」

人の家を訪問した時には、まず玄関先で「ごめんください」と挨拶するのが、基本的なマナーである。神様のお住まいである神社を参拝する時にも、訪問の挨拶をするのは当然のことだろう。

神様のお住まいの玄関にあたるのは鳥居である。訪問の挨拶はここで行う。しかし、神様は騒々しいのが大嫌い。境内の静かな環境を保つには、声に出すよりも態度で訪問を告げる。それが「礼」である。鳥居をくぐる前に、まずは一礼して自分の訪問を神様に告げるのだ。また、参拝を終えて境内を出る時にも、鳥居の前で一礼を忘れずに。人の家を訪問した時も、帰る時に「おじゃましました」と挨拶するのと同じ。この当たり前なマナーがなっていない者に、神様もいい顔はしないはず。せっかく参拝してもご利益は期待できないかもしれない。

063 参道の歩き方

参道は、神様と共用している道だけに……

参道の中央は神様が歩く場所

鳥居をくぐり抜けた境内には、石畳や玉砂利を敷き詰めた参道がある。参拝客はここを歩いて、拝殿へ向かう。

しかし、この参道は人だけではなく、神様も使用する道である。神様はこの参道の真ん中を歩くというから、参拝客がそこを歩いていては神様の通行の邪魔になる。また、神様の通り道を普通の人間が歩くというのも恐れ多い。参拝する者は、神様に対して謙虚な気持ちにならねばならない。昔はよく「三歩下がって師の影踏まず」なんていったもの。神様は、教師以上に敬われる存在であるだけに、影どころかその通り道を泥のついた靴で汚すような行為は避けたいものだ。参拝する時には、必ず参道の端を歩くことを心がけたい。右側でも左側でもかまわないが、とにかく、神様の歩く参道の中央を歩くのは避けよう。

064 手水舎(ちょうずや)での作法

神様と対面する前に身を清める場所

手水(ちょうず)を使うにも細かい作法がある

昔は神様に参拝する前に、必ず川や海などに頭から足の先まで浸かる「禊(みそぎ)」という儀式を行った。神様の前では体もキレイに洗って清潔にしておくということである。現在のように手水舎で手を洗い口をすすぐのは、その儀式が簡素化されたもの。これを「手水を使う」という言い方をする。

この手水の使い方にも、作法がある。その詳しい手順については左の「手水舎での作法」を見てほしい。ここで注意することは、絶対に柄杓(ひしゃく)に口をつけてはならないということである。

柄杓は不特定多数の人々が使うだけに、直接口をつけるのは不衛生(ふえいせい)。また、他の人々も使うものだから、他人に不快感を与えない使い方を心がけるエチケットが必要だ。ハンカチや懐紙(かいし)は必ず持って行って水に濡れた手を拭くことを心がけておきたい。

手水舎での作法

❶ まずは、右手に柄杓を持って水を汲み、左手に注いで洗う。

❷ 左手に持ち替えて、次は同じ手順で右手を洗う。

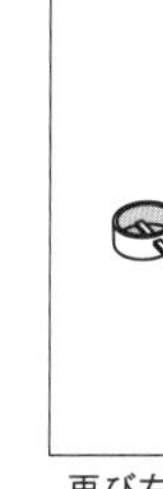

❸ 再び右手に持ち替えて、左手の掌に溜めた水で口をすすぐ。

❹ 口をつけた左手にもう一度水をかけて洗う。

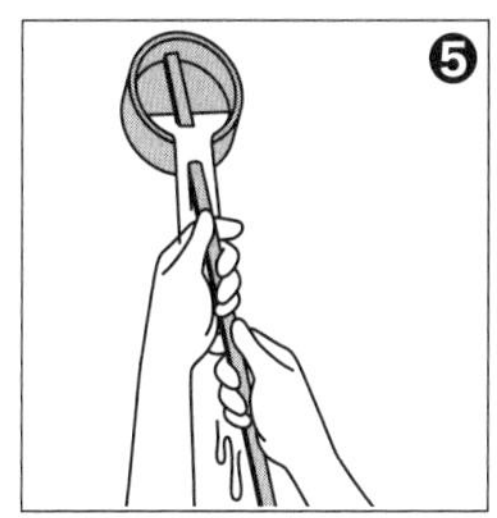

❺ 柄杓を立てて柄に水を流して洗い、清潔にしたのち柄杓置きに伏せておく。

口をすすぐ…ときどき手水舎で手水を汲み、口をすすぐ代わりに飲んでいる人を見かける。手水は飲むものではなく口をすすぐもの。くれぐれも飲まないように気をつけたい。

065 拝殿での正しい作法

神様を拝むのにも、いろいろと手順や作法がある

拝む前にもやるべき事がある

拝殿の前には賽銭箱※と鈴が置かれている。賽銭箱の「賽」の文字には、神様へのお礼という意味があり、日々の平穏に感謝の意味を込めて金銭を捧げるもの。また、賽銭箱の上に吊られた鈴は、参拝に来たことを神様に告げる合図。神話によれば天照大神を天石窟から誘い出すために、天鈿女命が石窟の前で舞った時にも、手に持った鈴を打ち鳴らしている。

参拝はまず、賽銭を入れて神様に感謝した後に、鈴を鳴らして神様を呼びだす。そして「二拝二拍手一拝」といわれる正式な参拝方法で神様を拝むのであるが、その手順については左ページにある「参拝の作法」を参照してほしい。

※賽銭箱：お賽銭は投げ入れるのではなく、できるだけ静かに入れよう。

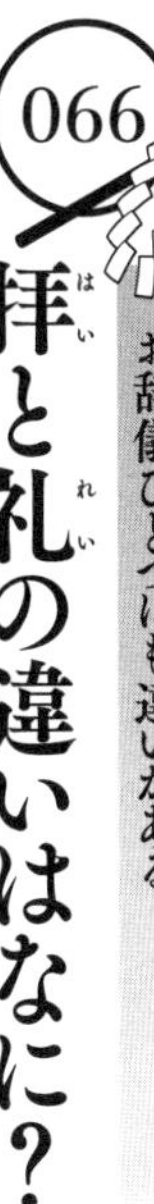

066 拝と礼の違いはなに？

お辞儀ひとつにも違いがある

神さまには最高の敬意を表す

「礼」は古代中国で生まれ、もともとは行事における作法や服装など細々とした規定の総称だった。そのひとつに頭を下げて相手への敬意を表す動作があり、現在ではそれが「礼」といわれるようになった。目上の人や年配者に対する「礼」に対して、同じ動作でも仲間同士の軽い挨拶に「お辞儀」がある。

また、神様に対しての「礼」は最高の敬意を表す意味で「拝」とも呼ばれる。普通の「礼」よりもさらに頭を低く垂(たら)し、態度でもそれを表現したい。

参拝の作法

「二拝二拍手一拝」の正式な参拝の手順は、まず直立の姿勢から体を90度に折り曲げて深々と頭を下げる。これを2度繰り返すことが「二拝」、その後に両手を胸の高さに合わせて右手を少し引いて2度の拍手を打つ「二拍手」、そして最後にもう一度深々と頭を下げる「一拝」となる。ただし、出雲大社では「二拝四拍手一拝」となるように、神社によって違いもある。

067 社務所ってなに？

これも神社になくてはならない場所のひとつ

神様に仕える人々が仕事をする場所

社務所とは、神主や巫女など、神様に仕える人々が神社に関する様々な仕事をする場所である。神社における事務や雑務といった用務は、すべてここで行われる。ちなみに、寺院ではこれを「寺務所」と呼ぶ。

社務所は鳥居を入ってすぐ、あるいは拝殿の近くなどの参道沿いにあり、参拝に訪れた人々にもすぐに見つけられる場所にある。厄除けや交通安全祈願、その他の特別な祈願をするために玉串を捧げようという時なども、この社務所の窓口で手続きをする。なお、お札やお守りなどの授与所は別棟に用意されている。

通常、社務所は夕方5時には閉まってしまう。さらに、小さな神社では、境内に神職が常駐していない場合（用のある人は電話連絡をする）も多いので注意が必要だ。

068 おみくじの作法

おみくじを引いた後はどうすればいい？

木に結ぶのは語呂合わせから

古代の政治で重要な案件を決定する時には、神懸（かみが）かりとなった巫女（みこ）に籤（くじ）を引かせて、神様の意志を占うことがあった。これが、おみくじの起源である。やがて、鎌倉時代の頃より、一般の人々も神社で運勢を占ってもらうようになり、近代になってこれが簡略化され「大吉」「吉」「中吉」などと、解りやすく吉凶を教えてくれる語句が書かれた、現在のような「おみくじ」ができあがった。

おみくじを読んだ後、境内にある樹木の枝にそれを結びつけるのは「願い事が、結ばれるように」という語呂合わせから始まったものだという。おみくじを結ぶのには、とくにややこしい作法はないが、木を痛めるので、指定の場所に結ぶように注意したい。また、持ち帰っても何の問題もないので、家でゆっくり読みなおすのもいいだろう。

神様の分霊が宿るお札は神社に返すもの

069 お札の返し方

古くなったお札は神社に返納するべし

商売繁盛、家内安全、厄除けなどの目的で購入（正しくは「授かり」）し、自宅で所持する神社のお札は「守札」「神札」「護符」などと呼ばれる。素材は紙や木片であるが、神前で祈禱されることでその紙や木片にも神様の分霊が宿っている。清潔な場所に安置し、日々感謝して拝むように心がけたい。

また、初穂料※とともに古くなったお札は、神社に返納しよう。この場合、お札を授与された神社に戻すことが基本である。神社側ではお焚き上げと呼ばれる行事を執り行い、古いお札を燃やして祈禱してくれる。しかし、遠く離れた地方の神社で受けたお札の場合、その神社までお札を返しに行くのは難しい。この場合は近くの神社で返納しても大丈夫。大晦日、氏神様に古いお札をまとめて持って行くのもよい。

※初穂料：神様に奉納する金銭のこと。初めて収穫された稲穂を神前に奉納し豊作を感謝したことに因む。

070 お守りに消費期限？

お守りに宿るエネルギーは永遠ではない

お守りの効力は1年が目安だという

神社のお札やお守りは、神様の分霊（ぶんれい）である。その分霊であるお守りを常に身に付けておくと、降りかかってくる災難から守っていただける。いわば、悪い気を吹き飛ばす扇風機のようなものだが、扇風機は電力がなければ動かない。

お守りは、神社において祈禱され、神様の霊力が宿っている。それは扇風機を動かす電力のようなものだろう。しかし、電池にも容量があるように、お守りに込められた神様の霊力にも限りがある。その期限は、だいたい1年といわれている。

それを過ぎると、霊力不足でお守りの効力もしだいに弱くなると考えられる。電池だって古くなれば新しいものと交換するように、お守りもまた1年を目安に交換する。古くなったお守りは、お札（ふだ）と同じように神社に返納しよう。

071 御朱印ってなんなの？

最近は神社の御朱印を集めるのが密かなブームなのだとか

辞書を見て「朱印」という言葉を検索してみれば「朱色の印肉を用いた印章」とある。つまり、印章、印鑑……である。個人が印鑑を所持しているように、神社や寺院もそれぞれの印章を持っている。

御朱印は神様から授与されるもの

あらかじめ用意しておいた御朱印帳に、参拝した証にその神社の御朱印を押印してもらうのは、昔からよく行われていた。まだ、神仏分離がされておらず、同じ境内に神社と寺が混在していた頃に、寺へ写経を収めた時、その受領印として押されたのが発祥とする説がある。そのため神社でも、これが風習として残ったとされる。

社務所に行けば、ほとんどの神社には御朱印があり、参拝者が求めれば押印してもらえる。神職により、朱印のほかに社格や社名と参拝日なども墨書で記してもらえるのだが、なかには参拝日だけが墨書きされる神社もある。

御朱印を求めれば初穂料を支払うことになる。以前は300円の所が多かったが、近年は500円の所が多くなった。なかには「お気持ちを納めてください」と金額を明示されないことも。この場合は、500円程度を目安に考えたい。

御朱印帳は文具店や社務所、授与所などで購入できる。神社によっては刺繍（ししゅう）が美しい神社オリジナル御朱印帳を販売しているので探してみよう。目安は概ね2000円前後。御朱印帳を忘れた場合は、半紙に押印していただき、後に御朱印帳へ貼り込めばいい。

また、御朱印はお札（ふだ）やお守りと同じで神様から授与されるものである。観光地などに置かれた、記念スタンプとはわけが違うので、くれぐれも勘違いなきよう、御朱印の神名を汚さないなど御朱印帳の取り扱いにも注意したい。

鹿島神宮の朱印。朱印の上には墨書で、社名と社格（常陸国一之宮）、参拝日が記してある。

玉串の捧げ方

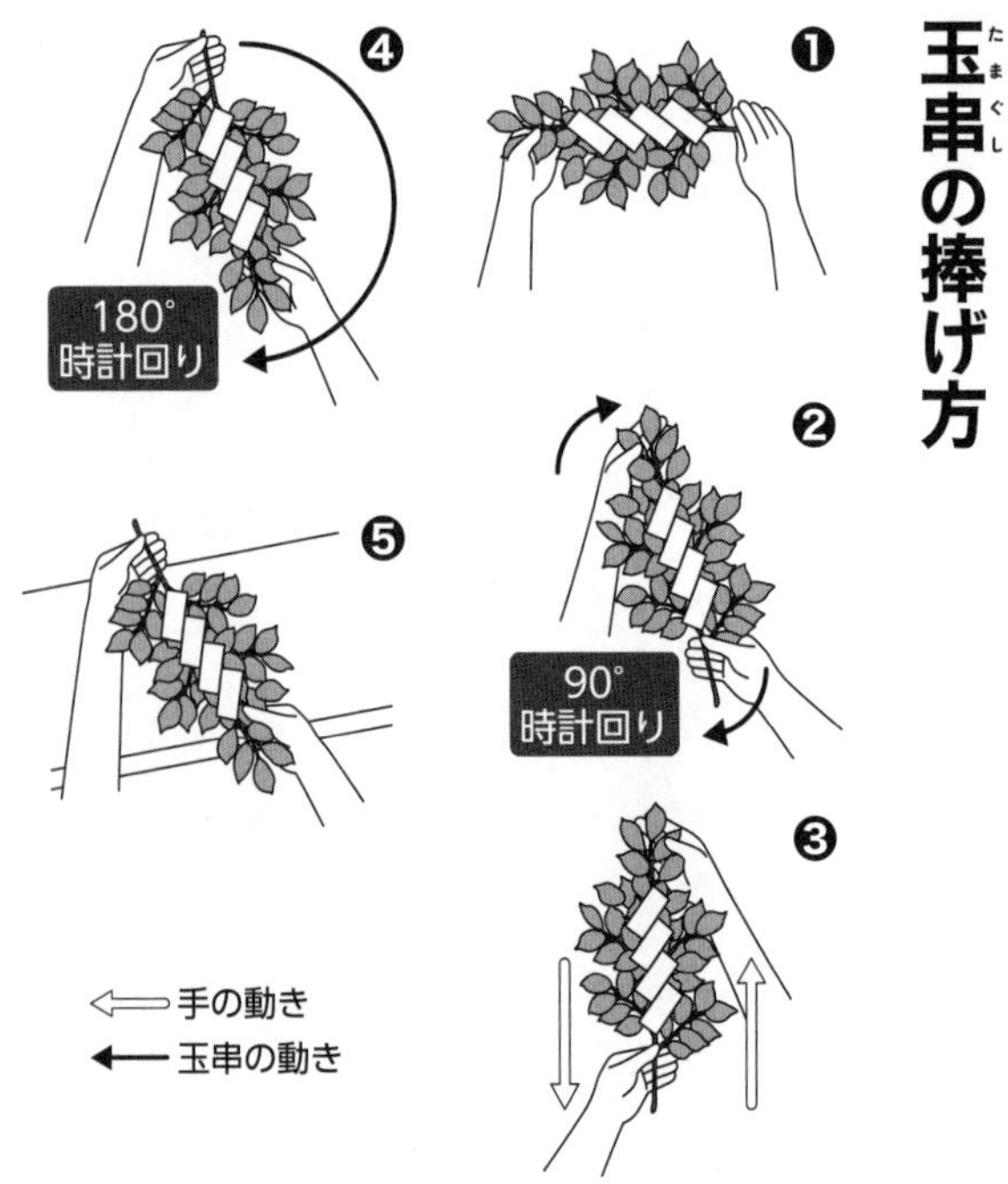

「玉串」とは、参拝者が神前に捧げる紙垂（和紙に互い違いの切り込みを入れたもの）のついた榊の枝のことである。厄落としなどの特別な祈願がある時には、社務所に申し込み玉串料を払って行うものである。まずは神職から玉串を受け取る。この時は右手は上向き、左手は下向きになり、玉串を胸の高さにして捧げるように横向きに持つ。そして神前で軽く一礼。次に玉串を時計回りに90度廻し、立てて持ちながら左手を下げて祈念を込める。その後、左手で玉串の根元を持ち右手を添えながら時計回りに180度廻し、神前に向けた玉串を玉串台の上に乗せてから、通常の参拝と同じ「二拝二拍手一拝」。最後にもう一度軽く45度程度の礼をして終わる。

神職の仕事

静けさにあふれた早朝の境内
竹箒（たけぼうき）で掃く音が耳に届く
太鼓が打ち鳴らされ、日供祭（にっくさい）が執り行われ、
祝詞（のりと）が漏れ聞こえ始める
神社の朝は早く、神に仕える神職の一日は長い

「神主さん」と「宮司さん」は同義語なのだろうか？

072 神主と宮司と神職の違い

時代により「神主」の意味も違ってくる

神職は、神社などで神に奉仕し祭祀を行う者の総称である。

宮司とは、神社の祭祀の責任者のこと。もともとは、皇族たちの住まいだった宮中に仕える官僚を指した言葉だったという。戦後は、神社本庁の規則により宗教法人としての神社の代表、つまり会社の社長にあたる責任者として、各神社は必ず1人の宮司を置くことになっている。

戦前には、神社に仕える神職を束ねる長という意味で、神主と呼ばれる職があった。それぞれの神社の長という意味で、宮司と神主は同義語で、戦前の神主は「国の祭祀を司る神官」の責任者を指す職名でもあった。しかし、戦後に政教分離がなされたことで、神官の存在は認められず「神主」も単に神職を指す言葉に変わったのである。

なんとも、ややこしいが、戦前は「宮司」と「神主」は同じく、神社の最高責任者を指す言葉だった。それが、戦後になってからは、神社の最高責任者が「宮司」。「神主」は、宮司をふくめて、神社で働く神職の通称として使われている。

神様を讃える祝詞は、現在も大和言葉（やまとことば）が用いられ、祭儀（さいぎ）の度に神職が作文している。

巫女の衣装に憧れる女性も多いが……

073 巫女も神職？

明治維新後、存在意義が大きく変化した

古代や中世の巫女は、占いなどを行ったり、神楽を舞って神様を地上に呼ぶといった特殊技能の持ち主。神様と交信できるシャーマンであり、普通の人間ではなれないある種の特別な存在だった。明治維新後には文明開化の影響もあり、神社や祭祀が大々的に見直され、巫女による呪術的な行為は禁じられてしまう。以後、神社では神職の補助をする仕事や神事の奉仕で神楽を舞う役を担うということで、巫女を雇うようになる。

普段は巫女を置いていないが、年末年始の忙しい時期にアルバイトで巫女を雇う神社は多い。巫女は神職の資格は必要としないが、神職資格を持つ女性が巫女の装束で働いている場合もある。

京都府京都市の白峯神宮における精大明神例祭での巫女の舞奉納（写真：アフロ）

074 神職にも階級がある?

一般会社の社長、部長、課長のようなもの?

神職の階級は神社によって違いもある

会社に社長や部長、課長といった役職があるように、神様のために働く神社の神職にも、それに似た階級がある。

社長にあたる最高責任者は「宮司」だが、この宮司の次にくるのが「禰宜」。これに「権禰宜」と続く。ここまでが、一般の会社でいうなら課長までの管理職に相当する。権禰宜になれば、一人前の神職として認められることになる。さらに、権禰宜の下には、神職見習いなどの職分がある。

神社本庁では、所定の研修を受けた人に階位を与えている。この階位は「浄階」「明階」「正階」「権正階」「直階」の五段階の階級区分がされ、階位の取得が宮司や権宮司などの役職に就く重要な資格となる。神社本庁は「神職身分に関する規程」も設けている。宮司の経歴や経験により、特級から3級までの5階級に分かれる。経験年数の長い宮司には名誉職の「長老」という敬称も与えられる。

神職の階級については、神社によって多少の違いがある。比較的規模が大きく、神職が大勢いる神社では、宮司の下にこれを補佐する「権宮司」を置くこともある。出雲大社では、宮司と権宮司の間に「教統」が置かれている。また、伊勢神宮の場合は、宮司と権宮司に相当する神職は「大宮司」と「少宮司」と呼ばれる。さらに、大宮司の上に「祭主」※と呼ばれる最高職が置かれ、皇族出身の女性がこの役職に就く。現在は、今上天皇の妹・黒田清子さんが祭主に就任している。

大きな神社の場合には、神事にかかわらない事務職員もいる。これらの人々は神職には含まれず、参事、主事などといった役職名が用いられる。

※祭主：伊勢神宮のみに置かれている役職。明治維新後は皇族が任ぜられている。

075 神職の一日の仕事は?

神様に仕える仕事は、いろいろとやる事がいっぱい

朝が早い仕事だけに早寝早起きが基本

神職の朝は早い。多くの神職が5時頃には起床し、身を清めてから境内の清掃などに励む。日供祭（にっくさい）と呼ばれる神様へ食事を捧げる祭祀（さいし）も行われ、毎朝、拝殿（はいでん）では装束（しょうぞく）を着た神職が祝詞（のりと）をあげる。

境内の清掃と日供祭が終われば、社務所で事務仕事。経理や必要な物品の納入手続きなど、普通の会社の事務員と同様の仕事をこなし、さらに、神社を訪ねて来た参拝客の応対もする。地鎮祭（じちんさい）などの祭祀を執り行うこともある。また、時間が空けば祝詞の文面を考えたりすることも。祝詞は、それぞれの神職の自作によるものだ。そのため日頃から何種類かの祝詞を作っておかねばならない。

神葬祭（しんそうさい）では、夜に儀式を行うこともある。しかし、通常の場合は5時頃には仕事を終え、あとはフリータイムということに。普通の仕事に比べると、終わりは早い。だが、翌朝はまた起床が早朝になるだけに、就寝も普通の人よりはかなり早めだ。夜の

10時〜11時頃には床に着くことになり、宴席に呼ばれても、早々に帰宅することが多いという。

神職に休日はあるの？

神に仕える神職にも、家庭はありプライベートがあるので、当然のごとく休日はとる。休日の曜日や日数は神社によって異なる。大きな神社ならローテションを組むこともできるが、神職が宮司（ぐうじ）さん1人だけといった小さな神社では、やり繰りが大変。月に2〜3日とるのが精一杯。また、長期間の休暇をとるのはさらに難しく、旅行も2泊3日程度がやっとといったところのようだ。

神職の一日の主な仕事

（取材協力・下谷神社）

① 毎日、早朝には開門作業

境内に門がある神社では、毎日、朝に開門され夕方には閉門される。この開け閉めも神職の仕事。開門時間は神社によって異なるが、普通は早朝の5～6時頃である。また、境内の掃き掃除も朝のうちに行われる。神職の装束は薄着なだけに、冷え込む冬の朝などは屋外での仕事はツラそう……。

② 日供祭の祭祀は毎朝行われる

神様に食物を供える日供祭は、どこの神社でも毎朝行われる大切な祭祀。神職は常装の装束に着替え、拝殿で祝詞をあげる。月に2～3回は神職が総出で供物を供える月例祭も行われ、この時には祭祀の時間も普段の日供祭よりは長くなるという。また、供えた物は、閉門後の夕方には下げられる。

③ 参拝客の求めに応じて御朱印を作成

神社の参拝記念に、御朱印帳に押印を求める参拝者も最近は増えている。御朱印帳には、神職が神社名や参拝日を墨書してから押印するのだが、大きな神社などでは朱印を求める参拝客もかなりの数になる。他にも神職は筆を使う仕事が多く、このため筆使いを日頃から修練しておく必要がある。

④ 日中は社務所で事務仕事

日供祭や境内の掃除が終われば、あとは基本的に社務所での事務仕事になる。祈願の申し込みを求めてくる人、あるいは、お守りやお札を購入に来る参拝客など、社務所には来客が絶えない。大きな神社であれば大勢の神職がいるので仕事は分担できるが、小さな神社では1～2人の神職ですべて対応せねばならず結構忙しい。

◆したやじんじゃ

下谷神社

所在地／東京都台東区東上野3-29-8
主祭神／大年神・日本武尊

天平2年（730）上野忍ヶ岡で創建され、関東大震災後に現在地へ移転。当時は「正一位下谷稲荷社」と称し、明治5年（1872）に神社名を「下谷神社」と改めた。境内で寛政10年（1798）、江戸で初めての寄席が行われた。また、拝殿には横山大観作の天井画が描かれている。

神職になる資格を得ただけでは、神社への就職は難しい

076 神職になれる大学がある？

神道学部のある大学は全国に2校だけ

神職になるのに一番の近道は、神道系の学部や学科のある大学で学ぶこと。全国には國學院大學に神道文化学部、皇學館大学に文学部神道学科がある。ここでは、神道史など神職に必要とされるカリキュラムを学び、また、神社で行われる祭式のやり方、祝詞の朗読、その他の作法などの実習も行われる。

神道学部で所定の研修を受けて卒業すれば、神社本庁の定めた「正階」の階位も与えられる。正階※は別表神社と呼ばれる社格の高い神社の禰宜、一般の神社なら宮司になれる資格のある階位である。

大学の神道学部で学ぶ以外にも、神道学科のある大学や神社本庁で行われる神職養成講習会に参加して、神職として働ける階位を取得する方法もある。講習会は1ヶ月程度。本人の努力次第では、短期間のうちに階位を得ることも可能なのだ。

また、神社本庁に属さない神社では、神職になるための階位を必要としないところ

もある。こういった神社なら、求人募集さえあれば大学で4年間も学ぶよりは、早く神職になれそうな気がするが、どうやら、そうともいいきれない。

神職になれる階位を取得したとしても、雇ってくれる神社がなければどうしようもない。明治神宮や伊勢神宮など、大きな神社ともなれば、年に数十人規模で新人の神職が雇用される。

しかし、ハローワークや求人誌を見ても、神職の求人募集などどこにも載ってはいない。神職の採用は、そのほとんどが口コミや縁故採用によるものだ。神社へのつてがなければ、せっかく神職となる階位を得ても、就職浪人ということになってしまう。

大学の神道学部で学べば、神社からの求人情報を得ることができる。また、大学関係者は当然神社とのつき合いも深く、就職の斡旋もあるだろう。実家が神社という学生も多いだろうから、友人・知人を通じて求人のある神社を紹介してもらえる可能性もある。大学に行くのが神職になる一番の近道という理由は、ここにある。大学生活は、就職のための情報や、つてを得るための期間でもあるのだ。

※別表神社（べっぴょうじんじゃ）：神社本庁が定めた有力神社。社格制度ではなく神職の進退などで特別な扱いを受けている神社のこと。

077 神社本庁ってなに？

全国8万社の神社を統括する

明治維新のあと、神社は国家の管理のもとに置かれていた。神社局と、それを発展させた神祇院[※]が、神社行政を担当していた。

しかし終戦後の昭和21年（1946）に、GHQの司令に基づいて神祇院は廃止された。この年に神社関係の民間三団体を母体とする神社本庁が組織された。

これは全国の神社および神社関係者を組織するもので、東京都渋谷区に本拠を置いた。そして昭和62年（1987）には、渋谷区代々木に新庁舎を完成させた。この翌年に神社本庁は、現代社会に対応していくための抜本的な構造改革を行っている。

「神社検定」などで神道の普及活動も

神社本庁は神宮（伊勢神宮）を本宗と仰ぎ、神道を興隆するための組織である。神社本庁のもとに、神職の養成機関として國學院大學と皇學館大学の高等神職養成課程が設けられ、神社本庁の傘下にある神社の数は約8万社に及ぶ。さらに、神社本庁は神道の普及にも努め、神社検定を行い、そのテキスト『神社のいろは』などを刊行している。

※神祇院（じんぎいん）：全国の神社を統括して、神社制度の整備拡充をはかった、内務省の機関。

神社本庁のHPを見よう！

神道（しんとう）や神社のことに興味が湧いたら、神社本庁のホームページ（https://www.jinjahoncho.or.jp/）にもアクセスしてみよう。「日本の神話」「伊勢の神宮」「各地の神社」「おまいりする」「おまつりする」などのコンテンツで、神道や神社のことが解りやすく解説してある。また、伊勢神宮の式年遷宮（しきねんせんぐう）などの祭典に関する情報も得ることができる。

神職が用いる用具解説

神社で行われる祭祀で、神職は様々な用具を使う。
古来から日本人の生活の中で使われてきたものも多く、
それぞれに意味やいわれがある。

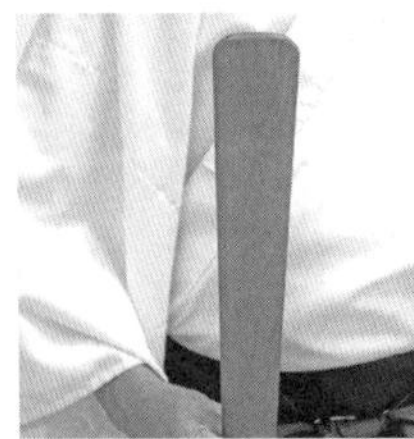

笏（しゃく）

貴族や官人が朝廷の公事に出仕する時に、手に持つ小さな板のこと。木製と象牙製のものがあり、現代の神職は木製のものを儀礼用に用いる。明治維新以降は、正装の時には必ず持つことが規定された。

玉串（たまぐし）

参拝者や神職により、神前に捧げられる、ツバキ科の植物である榊の枝に紙垂をつけたもの。榊のかわりに杉、樅などの枝が使われることもある。玉串の「玉」は「魂」を意味するとも言われている。

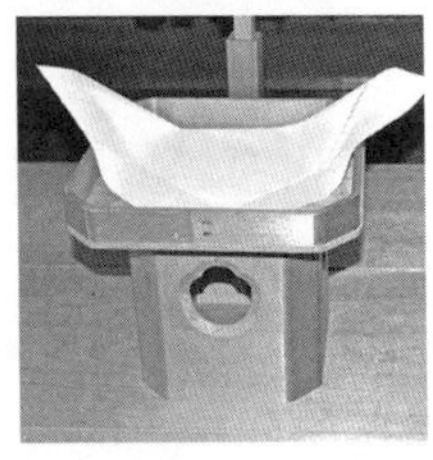

三方（さんぼう）

盆の下に台がついた道具で、台の三方向に穴が開けられていることから、この名で呼ばれる。古来から貴人への献上物を載せるなどの用途で使われ、神社でも神様への供物は三方の上に載せられる。

烏帽子（えぼし）

黒塗りの帽子のこと。平安期頃から、男性は烏帽子を被るのがマナー。それぞれの身分により形状も微妙に異なっていた。神職は常装の時に、高く立った立烏帽子を被ることになっている。

大麻（おおぬさ）

神道の祭祀に用いられる道具で、麻や木綿、紙などを素材に作られている。神職はこれを左右に振って儀式を行う。災いや罪を払うもので、厄除けや無病息災を祈る祭事などで使われることが多い。

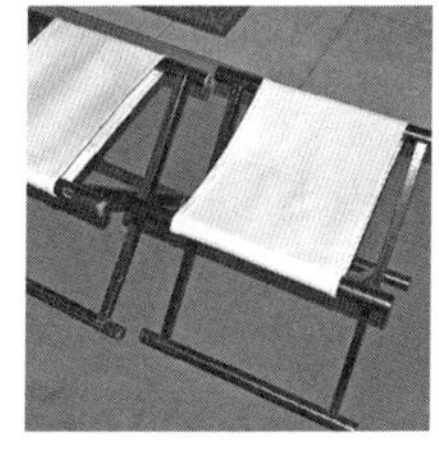

胡将（こしょう）

神社の拝殿に常備してある折り畳み式の簡易椅子のことを「胡将」あるいは「胡床」「将椅」とも呼ぶ。古くからある椅子で、朝廷が行う儀式の時に武官が腰掛けたもの。中世の頃は武士が野戦の陣営などで使用した。

太鼓（たいこ）

太鼓はすでに縄文時代から、日本に住む人々の間で使用されていたという古い楽器だ。神道でも昔から神楽や祭りなどで使用されてきた。また、神前での祭礼の開始は太鼓の音によって告げられる。

福岡市博多区・櫛田神社

知られざる神社の秘密

今まで疑問にさえ思わなかったことでも
調べてみれば
「なるほど！」と思わず唸る
多くの神社の秘密を知ることで
参拝の楽しさが、より増していく

078

全国8万社とはよく言われてるけど

全国に神社は何社あるの？

実際の数はとても把握できない……

文化庁から発刊されている『宗教年鑑』によれば、全国の神社の総数に近いと思われる神道系宗教団体（宗教法人も含む）の数は8万7072社。最も神社の数が多い新潟県ではじつに4822社、最も少ない沖縄県でも25社が登録されている。

また、年に一度、10月になると神様の集会が催されることでも有名な島根県が1271社と、全国平均でも神社の少ないほうの県になっているのが意外だったりもする。調べてみなければわからないものだ。

しかし実際には、もっと多くの神社が日本にはある。神社の境内にある小さな摂社や末社まではすべてカウントされてはいない。

また、人知れず山里に埋もれている小さな祠、あるいは、個人の屋敷に祀られた社なども あり、これを正確に数えるのは至難の業である。そういったものまで数に入れたら20万〜30万社にもなるという説もある。

079 氏神様ってなに？

とっても身近な神様なのだが謎も多い

現在は、村や地域団結の象徴的な存在

現在の神社は、宗教法人である神社本庁のもとで包括されている。伊勢神宮を別格のものとして、全国の神社は氏神神社と、崇敬神社とに分けられている。氏神神社（P14参照）は、古代の血族集団の祖神を祀った神社である。一方の崇敬神社は、個人の特別な信仰によって建立された。

血族集団により作られた村々では、祖神が地域の守り神として祀り続けられた。ちなみに「氏」とは、古代の血族集団を表す言葉でもあった。

やがて日本の村々にも、血族集団以外の者たちも混在するようになるのだが、氏神は村に暮らす者たちの団結の証として信仰された。氏神を祀る神社の祭礼には、住民がこぞって参加する。そして、祭礼に参加する者たちを氏子と呼んだ。

080 鎮守の杜って？

「森」なのか、それとも「杜」なのか!?

「杜」とは、神聖な場所を表す言葉

その土地に根ざした氏神様は「鎮守」の別名でも呼ばれた。高い樹木を神様が依り代として好んだことから、樹木が生い茂る小山や森林に社殿が造られることが多く、その森を人々は神域として崇めた。かつては「神社」と書いて「もり」と読ませた例もあるように、神社と杜は同義語だった。

その感覚が現代にも残り「鎮守の杜」と呼ぶようになった。しかし……何故「森」ではなく「杜」と書くのか？

「杜」という字には「閉ざされた空間」という意味があり、それは「聖域」「神域」ということにも通じるのだ。

拝殿や本殿だけではなく、その森の全域が神聖にして侵すべからざる場所。木々が生い茂るたんなる「森」ではなく、神域を表す「杜」という字をあてはめたほうが適切という考えなのだろう。

他の神様に参拝するのは「浮気」か!?

081 一日の参拝は一社だけ？

鷹揚な日本の神様はそんな事気にしない

商売繁盛や大学受験、あるいは、良縁を願ったり、厄除けを祈願したりと、我々はあらゆる時に神頼みをする。正月の七福神巡りのように、その方面でのご利益で知られる神社を1日に何社も参ったりするのだが……それって、不謹慎なのでは？　男女の恋愛では二股は最低の裏切り行為と非難される。

しかし、神様のほうではあまり気にはしていないようだ。狭い国土にひしめき合って暮らしてきた八百万の神々は、争うことよりも共存することを好む。人々が自分を拝んだ後に、他の神様の社を参拝しても、目くじらをたてないだろう。神社の境内には本殿の他に、他の神様を祀った摂社や末社（境内社）もある。本殿を参拝するだけではなく、これらの摂社や末社にも手を合わせてもらいたいと神様も思っているはずだ。

082 菅原道真公は本当に祟り神なの?

天神様は学問の神様だとばかり思っていたけど……

平安朝の人々が最も恐れた怨霊とは……

平安時代の人々は「祟り」を恐れ、疫病の流行や天変地異も、すべては怨霊の仕業と考えた。貴人が怨霊となった場合、凄まじいパワーを発揮する「祟り神」として最も恐怖された。なかでも、菅原道真はその代表的な存在だろう。

道真は文人貴族の出自だったが、幼少の頃から学問に優れ、第59代宇多天皇の寵愛をうけ参議に大出世。さらに、第60代醍醐天皇の治世では、右大臣にまで登りつめて政治を主導するようになるが、当時、朝廷の要職を独占していた藤原氏一族に疎まれ、陰謀にはめられる。謀叛の嫌疑をかけられ、九州の大宰府(今の太宰府市)に左遷されてしまったのだ。当時の貴族にとって、都を追われることは大きな恥であった。道真は再び都に戻ることなく、2年後に死去する。

その仕打ちが、人々にはよほど残酷に映ったのだろう。道真の死の直後に、都やその周辺で天変地異が頻発した。そのタイミングがみごとに合ってしまったがために、すべてが、祟り神・道真の仕業にされてしまう。

とくにこの頃は落雷が多かったことから、人々は道真が雷神になったと考えた。

「くわばら、くわばら」

と唱える、当時の都で流行った呪文。これも、道真の所領（しょりょう）が「桑原」だったので、いかに祟り神といえども、自分の所領には雷を落とさないだろう。という考えからだ。

陰謀で道真を陥（おとしい）れた藤原氏の一族にとっては、この祟り神はさぞや恐ろしい存在だったろう。道真が失脚する要因となった讒言（ざんげん）をした左大臣・藤原時平が、39歳の若さで死去した時にも、祟（たた）りがまことしやかに噂された。

この恐るべき祟り神を鎮める手だても色々と画策された。

天慶5年（942）には、

「北野馬場に祠を建てよ」

と、託宣を受けたという人物が現れ、道真の宅跡に小さな祠が造られた。

さらにその後、道真の祟りを鎮めたいと願う藤原氏は、祠を立派な社殿に建て替え、ときの第66代一条天皇により北野天満宮と名付けられる。道真にも正一位（しょういちい）太政大臣が贈られた。

人々の呵責の念が祟り神を創りだした

しかし、道真の終焉の地となった九州大宰府では、祟り神と恐れた都の人々とはまったく違った印象を抱いていた。

大宰府に追放された当初、道真も少しは自分を陥れた者を恨んだかもしれない。だが、大宰府の地で、心はしだいに癒される。もともとが学者である。権謀術数渦巻く宮中での政争に明け暮れるより、悠々自適に書を読む暮らしのほうが向いていた。

大宰府にあった道真の墓の上には、全国天満宮の総本社とされる太宰府天満宮が造営された。そちらに伝わる話でも、晩年の道真の暮らしは穏やかなもので、誰かを恨むような言動は聞かれなかったという。祟り神は、道真を陥れて追放したという罪の意識に駆られた者たちが、呵責の念に悩んで創りだした幻想だったのだ。

また、最も罪の意識に苛まれた藤原氏の一族が、当時は最大の政治力と財力があったことから、その力により諸国に天満宮が造営されることになった。

やがて道真の失脚に関与した者たちが死に絶えれば、祟り神の印象はしだいに希薄なものになっていく。

後世はむしろ、聡明で古今の知識豊富な人物という印象のほうが色濃い。学問を志す者には、成功に導いてくれる心強い神様とも映るようになり、江戸時代の頃には

◆だざいふてんまんぐう
太宰府天満宮

所在地／福岡県太宰府市宰府4-7-1
御祭神／菅原道真公

菅原道真公の御墓所の上に社殿を造営して御神霊を祀っている。学問、厄除けの神様として人々の崇敬を集め、年間に約700万人もの参拝客が訪れる。そのため平日の昼間でも人の流れは途切れることがない。

「学問の神様」のイメージができあがった。受験シーズンには、天神様の境内(けいだい)に合格祈願の受験生が詣でるのが、早春の風物詩として定着している。

※権謀術数(けんぼうじゅっすう)：人を欺(あざむ)くための、はかりごとやたくらみ。

083

稲荷神社に祀られている神様の正体は？

狐は神様なの？

最先端技術者集団が信奉した氏神だった

現在、稲荷神社は全国各地に約3万社を数える。「お稲荷様」「稲荷神」と呼ばれるこの神様の正式な名前は、倉稲魂命という。『日本書紀』によれば、伊奘諾尊と伊奘冉尊が国生みをして大八洲を造った時、精魂尽き果て空腹を感じた。その時に二神が生んだのが、倉稲魂命だとされる。その経緯からして、この神様は食物に関係する神様であることは、間違いない。

倉稲魂命は、山城国（現在の京都府南部）の豪族である秦氏が祀っていた氏神だった。全国の稲荷神社の総本社となっている伏見稲荷大社の社伝によれば、和銅4年（711）に稲荷山三ヶ峰に秦氏が稲荷神を初めて祀ったとある。やがて倉稲魂命が鎮座している峰々を中心に社殿が築かれるようになった。その後、秦氏は大和朝廷のなかでも一大勢力となり、全国各地に領地を広げてゆくようになる。それらの土地に、稲荷神社が創建されて増えていったと考えられる。

また稲荷神社といえば狐だ。狐は倉稲魂命の使い、つまり神様の召使いとされていたことに始まるものだ。しかし、仏教が伝来してからは、狐が荼枳尼天の化身とされるようになった。荼枳尼天は平清盛も篤く信仰した仏様である。狐が仏様ならば、神様と同格ということになる。そこから誤解が生じて、いつしか、狐そのものが倉稲魂命だと考えられるようになってしまったようだが、狐はあくまで倉稲魂命の使いでしかない。

秦氏は大陸から渡来してきた氏族で、日本に多くの先端技術を持ち込んだ。このため、秦氏の領内は最も先進的で産業も発展した地域となった。倉稲魂命は、稲に宿る精霊を指す言葉でもある。古代人にとって稲は、最も大切な食糧。たとえば江戸幕府が、農民から年貢という形で米を税として納めさせていたように、近代まではお金と同様の価値があった。それらのイメージが融合して、倉稲魂命は富をもたらす神様、商売繁盛の神様として、庶民の信仰を集めるようにもなった。

084

知ってるようで知らない、江戸の代表的なお祭りの真実

三社祭は浅草寺のお祭り?

明治維新までは浅草寺の祭りだった

江戸三大祭りのひとつに数えられる三社祭は、浅草寺のお祭り? と、つい思ってしまうのだが、これは間違い。実際には浅草寺の境内にある浅草神社の例大祭である。浅草神社は、浅草寺の創建に関わった土師真中知命・檜前浜成命・檜前武成命の三柱を祀ることから「三社権現」の別名でも呼ばれ、その例祭も三社祭りと呼ばれるようになった。

江戸時代には、浅草寺も浅草神社も一体であり、浅草寺の祭りとして催されていた。しかし、明治維新後の神仏分離により、浅草神社が単独で催す祭りになったのである。

ワッショイ：御輿を担ぐ際の掛け声である「ワッショイ」。語源は、「和をもって神を背負う」や、「和気あいあい御輿を背負う」など諸説ある。

085

神様の命も永遠ではない

神様にお墓ってあるの？

瓊瓊杵尊のお墓が鹿児島県に存在する

人間にお墓があるように、神話の頃の神様にも、その墓が存在する。Ｐ62やＰ80でも触れているが、天照大神の孫であり、高天原から地上に降りて天皇家の祖となったとされる瓊瓊杵尊の陵墓が、鹿児島県の新田神社と宮崎県西都市の西都原古墳群に残されている。共に宮内庁によって「邇邇芸尊陵」に指定されている。

また、その瓊瓊杵尊の妻である木花開耶姫の墓も、同じ西都原古墳群にある。古墳群の中でもひときわ大きく、全長約１８０メートルで九州最大の前方後円墳だという「女狭穂塚」だ。さらに、宮崎県の「鵜戸神宮」にも、瓊瓊杵尊の孫・鸕鷀草葺不合尊の陵墓「吾平山陵」が残されている。ただし以上は、寿命が定められた後の神々のため、陵墓があっても不思議ではない。しかし、寿命が定められる以前に亡くなった火之迦具土神の陵墓も三重県の花の窟に、伊弉冉尊の陵墓が同じ花の窟や島根県の比婆山など、各地に残されている。

神様に領収書を求めてもいいのだろうか⁉

086 領収書はもらえるの？

企業の祈祷(きとう)などは領収書が求められる

神社でお守りを購入したり、厄払いなどの祈祷料を支払った場合に、その領収書をもらうことはできるのだろうか？　答えは「できる」。ほとんどの神社の社務所では、参詣者(さんけい)の求めに応じられるよう領収書や印紙が置いてあるという。

神様に領収書を請求するなんて、何やら恐れ多い気もするのだが……じつは意外と、これを求める人は多いという。たとえば会社などで、社員揃って新年の祈禱をしたり、事務所などに掲げる「商売繁盛」のお札(ふだ)を購入する場合は、いくら支払ったかを証明する領収書が必要になってくる。

税務署に収支を申告する時には、祈禱もまた会社を経営する上での必要経費として計上されるのだ。しかし、祈禱料に支払うお金って、社員の福利厚生費だったりするのか？　それとも接待費⁉　そのあたり、少し謎だったりもする。

087 トイレにも神様はいるの？

大ヒットした歌は本当だった？

カワイイ子供が欲しければキレイなトイレが基本

平成12年（2010）に『トイレの神様』という歌が流行したが、じつは、トイレには本当に神様がいる。

昔から竈（かまど）や玄関など家の様々な場所に神様がいると考えられてきた。トイレにもまた「厠神（かわやがみ）」がいると、日本各地の伝承や昔話に伝えられている。厠神はまた出産との関わりも深く、トイレをキレイに掃除して清潔にしておけば、容姿端麗な子が生まれるといわれてきた。また、生まれてから7日後の赤ん坊を抱いてトイレに参る「雪隠（せっちん）参り」という儀式が、昔は各地で行われたという。

そのトイレには埴山毘売命（はにやまひめのみこと）と水波能売神（みずはのめのかみ）の二神がいるとされている。愛知県岡崎市の岩津（いわつ）天満宮の境内（けいだい）社には、「厠（かわや）神社」が建てられ、祭神は埴山毘売命と水波能売神。そして出産繋がりなのか、なぜか美人の女神・木花開耶姫（このはなのさくやひめ）も祀（まつ）られている。

088 境内はペット禁止？

今やペットも大切な家族の一員

飼い主のペットへの愛情を受け止める

神社の境内に、動物を連れて行ってもいいのだろうか？　神社によっては「犬を連れ込まないように」と立て看板などで明確にペットの連れ込みを禁じている例もある。神様は「穢れ」を嫌う。犬の糞尿も穢れなだけに、やはり、そのあたりの管理が徹底できない人は、神社の境内に犬を連れて入るべきではないのかもしれない。本殿周辺は、とくに清潔にせねばならぬ場所だけに注意したいものだ。

しかし、最近ではペットの参拝を歓迎している神社もある。東京の市ヶ谷にある市谷亀岡八幡宮では、ペットの無病息災を祈るお祓いができるし、ペット用のお守りなども売られている。

今から20年ほど前にはじめられたもので、

「人と犬や猫との関係も変わってきています。かつては番犬として屋外で飼われていた犬も、今は大切な家族の一員として家の中で暮らしている。飼主がその健康や長生

◆いちがやかめおかはちまんぐう
市谷亀岡八幡宮

所在地／東京都新宿区市谷八幡町15
主祭神／誉田別命・気長足姫尊・與登比売神

文明11年（1479）の創建。江戸城を築いた太田道灌が、城の西方の守りとして鶴岡八幡宮の分霊を勧請したもの。江戸時代初期に江戸城が拡張された時、現在の場所に移され、歴代将軍の寄進により栄えたという。

きを願う気持ちが強くなるのは当然。神社でもそういった人々の心情に応えるべきだと思いまして」

と、宮司は言う。時代とともに、人々が神様に求める願いも変わってくる。それを臨機応変に受けとめてくれるところも、寛容な日本の神々ならではということだろう。

※ペットの参拝：詳しくは神社のHPを御覧ください。アドレスhttps://www.ichigayahachiman.or.jp

主な社殿の建築様式

神社の建築様式は、出雲大社に代表される「大社造」と、伊勢神宮の様式である「神明造」に大別される。大社造はほぼ正方形の形状で、床が高くなるのが特徴。屋根の三角形をなす部分が正面となり、入口もそこに作られる「妻入り」という構造だ。また、神明造のほうは、屋根が降りてくる側が正面。入口もこの正面の側に作られる「平入り」という構造となる。

この大社造と神明造から発展して、この後に様々な様式が生まれた。大社造をルーツとする妻入り式の社殿建築は、春日大社の春日造、熊野本宮大社の熊野造など。また、神明造の系統である平入り式には厳島神社の両流造、宇佐神宮の八幡造、上賀茂神社や下鴨神社に見られる流造などがある。

伝統的な「住吉造」によって建てられた、福岡市博多区・住吉神社。「住吉造」の本殿は、拝殿の後ろに隠れており拝み見ることはできない。

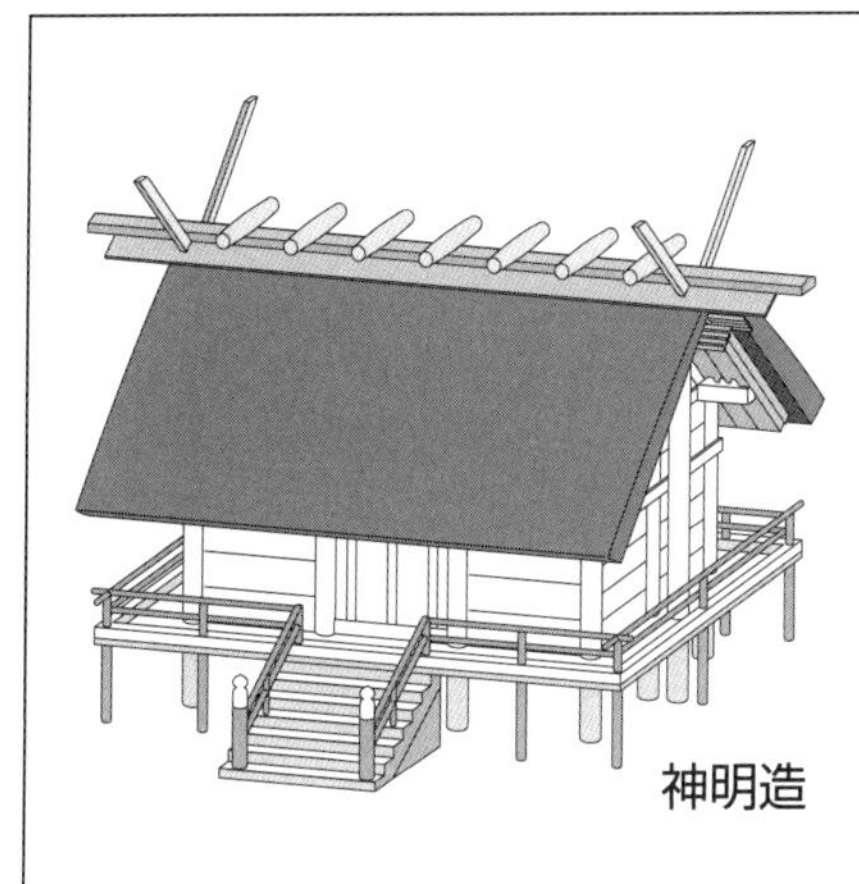

高床式の穀倉倉庫から派生した神明造。屋根は茅葺で、柱は礎石を使わず地中に埋める掘立式。伊勢神宮の内宮・外宮は一般の神明造と区別して、他に類例のない純粋なものとの意味を持つ「唯一神明造」と呼ばれている。

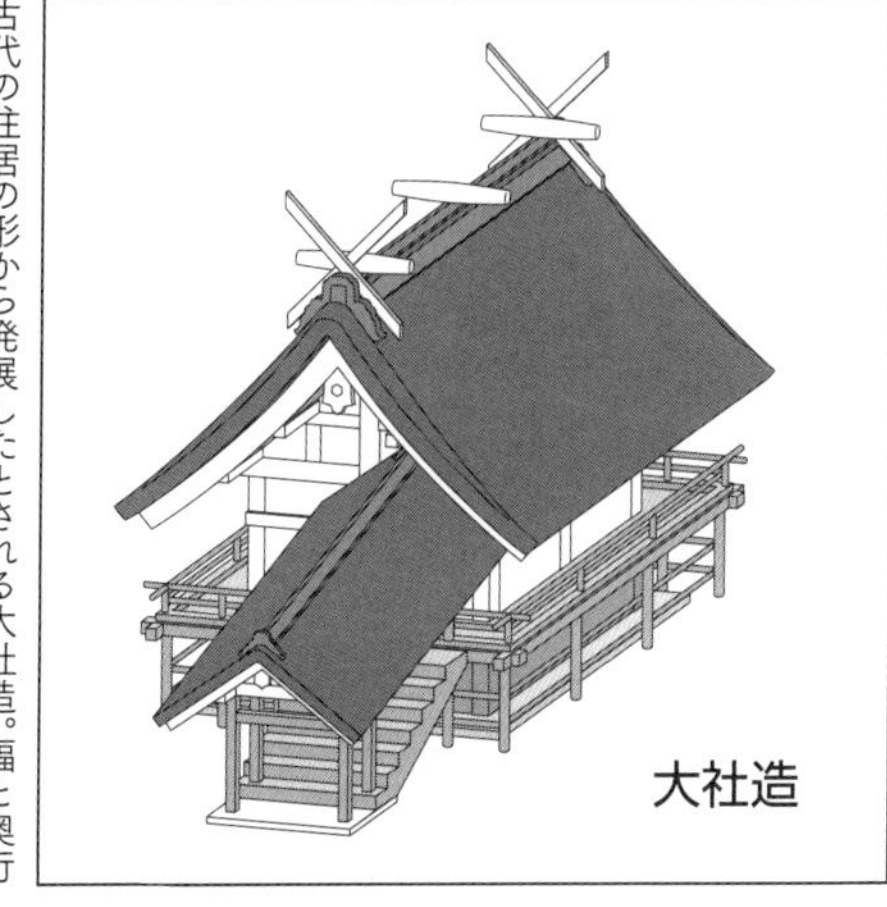

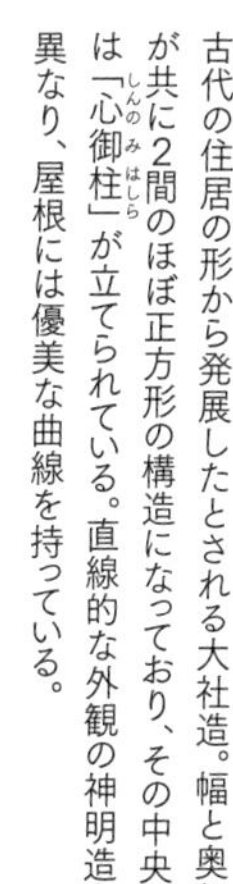
古代の住居の形から発展したとされる大社造。幅と奥行が共に2間のほぼ正方形の構造になっており、その中央には「心御柱」が立てられている。直線的な外観の神明造と異なり、屋根には優美な曲線を持っている。

089 千木と鰹木ってなに？

神社建築にはかかせない屋根にとりつけられた部材

神社によって千木の形状も様々

本殿や神殿の屋根にある「千木」「鰹木」は、神社の本殿建築に共通する最も顕著な特徴である。

まずは、屋根の両端に交差してそびえる千木。古くは「風木」とも呼ばれ、もともとは防風のために考案されたものだという。風の通り道となっている山間部の古民家にも、似たようなものを見ることができる。その先端部が水平になっていれば「内削ぎ」、垂直なら「外削ぎ」と呼ばれる。伊勢神宮内宮は内削ぎ、出雲大社は外削ぎだが、他の神社でも祭神が女神の場合は内削ぎ、男神なら外削ぎとなっていることが多い。なかには、2本の木材を交差させたものを置いただけの「置千木」もある。

鰹木はもともと建物を補強するためのもので「葛緒木」ともいう。古代の建築では、葛の緒で縛り結んで屋根などを補強していた。その建築法の名残と考えられる。古い民家建築でも、丸太を並べて屋根を繋いで補強する針目押と呼ばれる手法がある。伊勢神宮では内宮は10本、外宮が9本と、使用する鰹木の本数も昔から決まっている。

神社の建物は寺院建築との共通点が多い。しかし、「千木」と「鰹木」だけは、寺院には見られない神社独特の装飾。屋根の両端で交差している飾りが「千木」で、屋根の上に並べられているのが「鰹木」だ。

拝む気にはなれない神様だと思っていたが……

090 貧乏神を祀る神社がある？

「貧乏は心の問題」と神様は説く!!

絶対に関わりあいたくない、嫌な神様も多くいる。その代表格が貧乏神。古くから日本各地の昔話や民話にも登場するから、その知名度はかなりのもの。だが、さすがにこの神様を祀る神社はないだろうと思っていたら、あった。

平成10年（1998）長野県飯田市に創建された貧乏神神社がそれ。日本で唯一の貧乏神を祀る神社だが、「貧乏とはお金のことではない、心の問題です」というのがここの神様の教え。元気のでない時、不安や悩みを抱えたときに参拝すると、嫌な気分が一新されご利益があるのだとか。

「貧乏神クリスタル置物」とか「ギャンブル必勝守り札」など、社務所ではオリジナルグッズも多数販売されている。しかし、貧乏神にギャンブルの必勝祈願というのも……なんだか。

091 恥ずかしいオブジェがある？

その昔は、生殖器もまた信仰の対象だった

男女の生殖器は現代社会では言葉にするのも憚られ、ましてや公衆の面前で見せたりすれば犯罪行為とされる。

しかし、古代においては生殖器は「生命の源」として神聖視された。先入観なく見れば、それは生命力が漲る神秘的な存在なのかもしれない。

そのため、古代においては男根や女陰を神のように崇める風習もあった。形がよく似た岩の裂け目、そそり立つ石柱などに人々は神の存在を感じて拝んだのである。生命の源である生殖器に、人々は子宝や五穀豊穣を叶えてくれる霊力が宿ると考えたからだ。

ご神体や御輿にも男根が使われている

その信仰は現代にも残っている。男根や女陰を象った木彫りや石を祀った祠は全国各地に存在する。また、伊豆稲取温泉のどんつく神社など、男根の木彫りを載せた御輿を担ぐ例祭が催される神社もみられる。

092 随神門に鎮座しているのは誰？

大臣なのに……厳めしく武装してるその理由とは!?

鳥居とともに神域を守る防衛装置

本殿へ続く参道に、随神門が設置されている神社もある。随神門とは、神域に邪悪なものが入ってくるのを防ぐためのもの。鳥居などと同じ神社の防衛装置のひとつといえる。

また、随身門と表記することもある。門の左右をよく見れば、武装した人物の像が配置されている。神様（本殿）の方向から見て左側にいるのが左大臣、右側にいるのが右大臣。どちらも朝廷における高位の官職だが、随神門に設置された右大臣と左大臣の仕事は、実際の朝廷の仕事とは異なる。

大臣というよりは、神様の身辺警護にあたるSPといったところだろうか。弓矢などを手に武装しているのも、その仕事柄からすれば当然。もともと「随身」という言葉も、平安時代に貴族が外出した時に、そのボディガードとして同行する者のことだった。

葛飾八幡宮の随神門に安置された左大臣像。江戸時代までは境内に寺院もあり、もともとは仁王門があった場所。明治時代になってから随神門となった。

◆かつしかはちまんぐう

葛飾八幡宮

所在地／千葉県市川市八幡4-2-1
主祭神／誉田別命・息長帯姫命・玉依姫命

平安時代初期の第59代宇多天皇の勅命で、京都から石清水八幡宮の分霊を勧請して創建されたもの。下総国の総鎮守。武神を祀っていることから、平将門や源頼朝、徳川家康など、古来から関東の武士に篤く信仰されてきた。

093 社格制度ってなに？

神社にも様々なランク付けがある!?

社格とは、「朝廷が定めた神社の格付け」のこと。朝廷の政治では、祭祀は経済や軍事以上に重要な位置を占めていた。平安時代中期に完成した律令（政治に関する規則）では、朝廷が祭祀を行う2861社の神社の一覧が明記された『延喜式神名帳』がつくられている。

明治新政府もまた社格制度を重視した

これに名が記載された神社は式内社とも呼ばれ、存在が国家的に認められていた。式内社は大社と小社に分かれ、また、朝廷の神祇官から祈年祭の供え物を送る官幣社と、国司が祀る国幣社といった区分もある。これらの区分けにより、官幣大社、官幣小社、国幣大社、国幣小社といったランク付けがされた。さらに、神様にも正一位、従一位といった朝廷の官位が贈られ、これを「神位」と呼んだ。都やその近在の、朝廷から特別の崇敬を受けた神社は二十二社と呼ばれた。地方の国ごとにも一宮などの社格を誇る神社が定められた。

※明治維新後、新政府もまたこの制度に習って官幣社、国幣社、別格官幣社、府県社、郷社(ごうしゃ)、村社(そんしゃ)などの社格制度を整備している。

※明治維新後：この時代の社格制度は「近代社格制度」といい、太平洋戦争後ＧＨＱにより廃止された。以後、社格は定められていない。

一部の神社が国有地に建つ理由

明治維新までは、境内は神社が所有する社有地だった。しかし、明治維新後に神道の国教化が推進されるようになると、神社はすべて国が管理するものとなり、社殿(しゃでん)が建っている境内(けいだい)も国有地となってしまう。戦後、神社の国家管理は廃止され、神社側が申請すれば国有地から社有地に戻すことは可能となった。しかし、神社側からの申請がないため、国有地のままになっている境内も数多い。

094 人々に愛されている神様

「八幡さま」「お稲荷さん」と、愛称で呼ばれる神様も数多い。崇敬されながらも、人々から愛称で呼ばれるほどに親しまれる。これも日本の神様ならではの魅力。

八幡さま

第15代応神天皇が、八幡大神として祀られるようになったもの。古来から武神として崇められた。また、平安時代には源氏の氏神となり、鎌倉幕府成立後はすべての武家の守護神として、諸国に神社が造営される。

代表的神社

京都府／石清水八幡宮　神奈川県／鶴岡八幡宮　大阪府／誉田八幡宮　福岡県／筥崎宮

大分県／宇佐神宮

お諏訪さん

「お諏訪さん」は、長野県の諏訪大社に祀られた建御名方神の別名。建御名方神は大国主神の子で、武甕槌神との力比べに敗れて諏訪へ逃げたと伝えられる。製鉄に関連した神様だが、農業や開拓の神様としても信仰される。

代表的神社

長野県／諏訪大社下社　秋田県／秋田諏訪宮　新宿区／諏訪神社　鹿児島県／南方神社

長野県／諏訪大社上社本宮

お稲荷さん

太古の頃から山城国に勢力をもつ豪族・秦氏が氏神とした宇迦之御魂大神は、穀物や稲に関係した神様。稲荷神の別名もあり、狐はその使いとされた。後に商売繁盛の神様ともなり、商人から篤く信仰された。

代表的神社

佐賀県／祐徳稲荷神社　宮城県／竹駒神社　茨城県／笠間稲荷神社　大阪府／玉造稲荷神社

京都府／伏見稲荷大社

白山さま

白山連峰を御神体とした、白山比咩神社に祀られている。祭神の白山比咩大神は、菊理媛神と同一とされる。菊理媛神は『日本書紀』で、伊奘諾尊と伊奘冉尊のいざこざを仲介したことから、縁結びの神様として知られている。

代表的神社

石川県／白山比咩神社　福井県／白山神社　岐阜県／長滝白山神社　岐阜県／白山中居神社

文京区／白山神社

お多賀さん

伊奘諾尊と伊奘冉尊を祀る滋賀県多賀町の多賀大社。この地が日本の東西交通の要衝だったこともあり、「お伊勢参らば　お多賀へ参れ」と、古くから伊勢神宮と並んで巡礼地として人気が高かった。

代表的神社

宮城県／多賀神社　長野県／多賀神社
愛媛県／多賀神社　福岡県／多賀神社

滋賀県／多賀大社

浅間さま

日本最高峰の富士山は、昔から霊山とされ崇敬されてきた。その富士山をご神体とする富士山本宮浅間大社。主祭神の浅間大神は天孫・瓊瓊杵尊の妻の木花開耶姫命とされ、家庭円満・安産・子安の神として信仰を集める。

代表的神社

山梨県／浅間神社　千葉県／稲毛浅間神社　愛知県／大宮浅間神社

静岡県／富士山本宮浅間大社

日吉さま

日吉神社は、日枝神社や山王社と呼ばれることもある。比叡山を望む琵琶湖西岸に鎮座し〝山の神様〟大山咋神を祀るもの。天台宗の護法神ともされており、比叡山延暦寺と関係が深い。

代表的神社

滋賀県／日吉大社　千葉県／日吉神社
富山県／日枝神社　徳島県／日枝神社

千代田区／日枝神社

祇園さま

八岐大蛇を退治した素盞嗚尊は、京都の八坂神社の祭神でもある。京都では昔から「祇園さま」「天王さま」と呼ばれ崇敬された。疫病除けの神様で、都の夏の風物である絢爛な祇園祭も疫病を封じるために始まったもの。

代表的神社

広島県／沼名前神社　広島県／素盞嗚神社　愛知県／津島神社　兵庫県／広峯神社

京都府／八坂神社

095 東京には護国神社がない？

戦前には各都道府県に必ずひとつはあったというが……

護国神社はないけど靖国神社はある

太平洋戦争以前から、軍人など国家のために殉職した人々を祀る神社が全国各地にあった。これは明治維新の前後、全国各地に戦死者を祀る招魂社が創建されたことにはじまるものだった。

昭和14年（1939）の内務省令により、全国の招魂社が護国神社に改称された。しかし、東京にはこの護国神社がない。調べてみれば、その前身となる東京招魂社は維新の頃すでにあった。が、全国の招魂社が護国神社に改称されるより遙か以前、明治12年（1879）に明治天皇の命で、東京招魂社から靖国神社と改称。その後もこの社名が使われた。

護国神社は基本的に各都道府県に一社を建立するよう規定されていた。しかし、神奈川県だけは戦争末期の空襲で完成前に焼失。建設が断念され、全国で唯一護国神社のない県となっていたが、現在は民間有志により護国神社が建立されている。

現在も、8月15日の終戦記念日には多くの参拝客でにぎわう靖国神社。境内はまた東京都内有数の桜の名所としても知られている。

◆靖国神社（やすくにじんじゃ）

所在地／東京都千代田区九段北3-1-1
主祭神／靖国の大神（祖国のために殉じられた尊い神霊）

黒船来航から戊辰（ぼしん）戦争にかけての戦没者を慰霊する目的で創建された東京招魂社が、靖国神社に改称されたもの。その後も紛争や戦争、国事で殉じた人々が英霊として祀られ、現在も戦没者の遺族を中心に多くの参拝がある。

第十章

知れば知るほど面白い 神様と神道

困ったときには参拝に行くのに
どんな神様が祀られているのか知ろうともしなかった
あまりにも難しすぎて、つい避けてきた神道
これほど、我々日本人の生活に根付いているのに
どうして今まで知ろうとしなかったのか……
神様と神道って、知れば知るほど面白い！

096 穢れと祓え……とは？

神道の根幹教義ともいえる穢れと祓い

古代日本人が恐れたケ枯れ＝穢れの思想

古代の日本人は、人が生きる上で生命力を与える根本的なものを「ケ（気）」と呼んでいた。この「ケ」は様々な原因により弱くなってしまうことがある。この状態を「ケ」が枯れる＝穢れと考えた。

例えば病気、犯罪、天災、そして血など、人々の生活を脅かすものは穢れとされた。またその穢れたものに触れたり見聞きしただけでも、穢れが人から人へ伝染すると考えられていた。

その「ケ」を弱らせるような行為・行動を避け、またその原因となるものを隔離、または排除し伝染を防ぐことが必要とされた。これを「イミ」という。漢字では、「忌」と書かれる。

人の死も穢れとされ、そのため身内に死者が出たとき、喪に服する期間を「忌中」という。忌明けまでの期間、生活を慎み穢れが伝染するのを防いでいた。

穢れを落すには「祓え（祓い）」をする。「祓え」の中で最も効果があるとされたのが「禊」である。どちらも、伊奘諾尊が黄泉国から戻り、筑紫の日向の小戸の橘の檍原で身体に付着した汚穢※を除去しようと衣類を脱ぎ捨て、水中で身体を洗い清めたことが「禊」「祓え」の始まりとされる。

衣類を脱ぐというのは、物についた穢れを払い捨てる「祓え」である。素盞嗚尊が高天原から追放される際、髪や手足の爪を抜かれたのも「祓え」といわれる。「祓え」はその後、罪穢を祓い除き、清浄にするための神道儀礼となっていった。神道の祭事に先立って、神職が行う清めの儀礼を修祓という。

また、水中に身体を完全に沈め、洗い清めることが「禊」である。これは身を滌ぐことから転じたとされる。「禊」は穢れを身体から滌いで新しい威力ある魂を密着させ、純潔無垢の状態に立ち返らせることを目的としている。伊奘諾尊の故事にならい、海水や冷水で心身の汚れを清めるようになった。

神社に詣でる前に手水舎で手や口を水で洗うのも、「禊」を簡略にしたものである。

※汚穢：穢れていることや、汚れているもののこと。

097 国家神道と宗教法人

「国家神道」は、戦後GHQによって規定された翻訳語

戦前は国家宗教、戦後は宗教法人に

明治維新によって天皇親政が実現したあと、神道は天皇と切り離せないものとして重んじられるようになった。

明治政府は神社の祭祀は、宗教ではないとする立場をとる。そのため、明治33年（1900）に神社局が置かれた。

これは神社行政を他の宗教行政から区別し、神社局に神社の管理を行わせるものである。このあと神社祭祀は、重要な国務事項とされた。それと共に政府は近代社格制度を作り、その中の官幣社を神祇官に祀らせ他の神社も格に応じて、公的支援を行う。

しかし戦前の政府が体系的な法で全国の神社を統轄したわけではない。戦前の神社信仰は、江戸時代以来の民衆の地域の守り神に対する愛着に支えられたものであった。「国家神道」の語は、終戦後にGHQによって広められたものである。GHQは「神社司令」を出して政府と神社のつながりを禁じた。そのため神社は宗教法人となる。

勅祭社とは？

神社の例祭に天皇が勅使を派遣し、神前に供えるものを奉献した特別の神社が「勅祭社」と呼ばれた。古くは22社、明治時代にはそれ以上あったが、現在は橿原神宮、春日大社、明治神宮、石清水八幡宮、平安神宮、氷川神社、出雲大社、香椎宮、宇佐神宮、靖国神社など16社となっている。御幣物と称される奉献の品は、五色に染められた織物、晒した麻布、生糸、麻糸、木綿とされる。

098 神道神学を理論的に解釈し新たな光を当てた

本居宣長と復古神道

古代文化や思想の探求を目指した

江戸時代までの日本では、知識人の教養は中国の古典を解する漢学や、仏教思想を学ぶことが中心であった。それに異を唱え、日本の古典を研究対象として日本古来の文化や思想を明らかにする運動が起こった。これが「国学」である。

歴史的に有名な国学の研究者には、賀茂真淵、本居宣長、平田篤胤、荷田春満が挙げられる。なかでも本居宣長は、国学と復古神道の研究者であるとされ、『古事記』や『日本書紀』の注釈書を出す中で神道論を構成していった。平安時代後期以降の神道に忘却されていた産霊神を再発見し、その産霊神の背景に皇祖・天照大神を神道の中心と見る解釈を行っている。

また、神を「尋常ならずすぐれたる徳のありて、可畏き物」として肯定し、天照大神を重視し、その子孫の皇室を中核に発展継承した日本の国柄を説いた。

この本居宣長の提唱した復古神道を継承・発展させて、中流以上の農民、町人に広

◆ひらたじんじゃ
平田神社

所在地／東京都渋谷区代々木3-8-10
主祭神／平田篤胤大人命

国学の四大人のひとりに数えられ、明治維新の指導原理の基を築いた平田篤胤を祀っている。明治元年（1868）東京の柳島横川町（現・墨田区）平田邸内にて創建。昭和34年（1959）現在地に遷座されている。

めたのが平田篤胤である。

平田篤胤は西欧文化を意識して、天御中主神を宇宙の主祭神とした創造主的神観念を打ち出した。また日本精神の強調や家庭祭祀の奨励などを説き復古神道を唱えた。

復古神道は、尊王思想と結びついて一部の尊攘派の過激な反幕府の行動を生む要因ともなったが、日本の伝統文化の素晴らしさを再発見するきっかけともなっている。

意外と気軽にできる？ 神棚の導入

099 神棚を祀ろう！

簡素なものから大型まで様々ある神棚

神棚は神社でいただいた御札を家庭で祀り、日々の感謝を行うために用いられるもの。神棚の購入は、専門の神具店（仏具店においてある場合も）や大きな神社で手に入れられる。ネットで購入することも可能だ。

神棚は扉が1枚の一社造りが一般的だが、より大きな三枚扉の三社造りや、扉のない簡素なものまでさまざまな種類がある。祀る神様の数や予算、設置場所を考えて選ぼう。

神棚の設置場所は、家族が常に集まる居間に置かれることが多いが、家の中で清浄で明るい場所で、さらに人の視線より高い場所であることが大事である。そのため吊り棚を用いることが多い。

神棚を据えたら、氏神神社などでいただいてきた御札を納める。一社造りの神棚の場合、一番手前に天照大神のお札をお祀りし、その後に氏神やその他の御札を重ねて

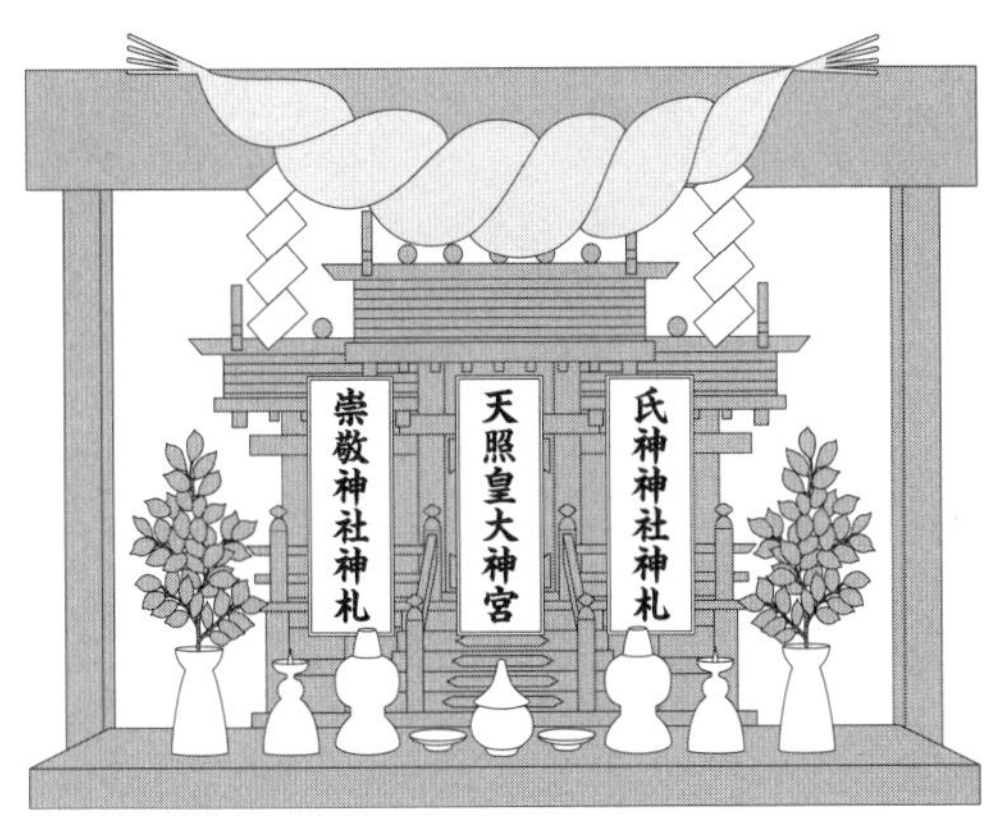

神棚を祀る方角は、神棚から見て東向きか南向きが最適である。適当な場所がない場合は、清潔で明るくお参りがしやすい場所に設けよう。人が出入りする入り口や襖の上などは避けること。

納めるようにする。三社造りの場合は、中央に天照大神、向かって右に氏神、左にその他の神の御札を納める。

また神棚に神饌を供える神具も必要だ。水入れ、酒入れ、皿、榊立て、それらを置く三方や折敷※も一緒に購入しておこう。

拝礼は毎朝夕の二度。朝の拝礼時には米、水、塩を供える。拝礼は神社と同じ二拝二拍手一拝。このときロウソクを点したら、火事予防のためお参り後はすぐ消火を。

※折敷：檜で作った方形の縁つき盆。神饌を載せるには白木のものを使用する。

100 生活に根付いた神道

日本人は気がつかないうちに神道に導かれている

生活の中で神の息吹を感じる日本人

多くの日本人は、自分を無宗教だと考えている。しかし、積極的な信仰はしていなくても、日本人の生活の中に神道の考え方はしっかりと根付いている。

例えば、女性が妊娠すると、妊娠5ヶ月めの戌の日に腹帯を巻いて安産祈願へ出かける。さらに、子供が生まれると、生後1ヶ月を無事に迎えたことを感謝するため、初宮参りを行う。そして七五三へと続いていく。

お正月に、初詣に出かけるのもしかりだ。第五章でも触れているが、節句など四季の移ろいを感じられる行事なども、多くの日本人は「宗教行事」として捉えてはいないだろう。

神道は、生活の中で神の息吹を感じながら生きてきた日本人の体に刻み込まれた「自然の摂理」なのかもしれない。その中で「感謝」や「敬う」といった他人を思いやる心を身につけてきた。日本人の思考や行動に深い関わりをもつ神道を少しでも知ることは、自らの考え方や行動を再認識することにつながるのではないだろうか。

神道由来の言葉

官僚が、その外郭団体などへ再就職することを「天下り」というが、これはもちろん「天孫降臨（てんそんこうりん）」に由来する言葉だ。キャリア官僚の「神にも等しい」という思い上りを皮肉っている。この思い上がりが過ぎると、禊（みそぎ）が由来の「水に流す」とはならないで、不要になった御札（おふだ）を入れる箱が由来の「お払い箱」となるかも。そうなると、祇園祭が由来の「後の祭り」になるのでくれぐれもご用心。

神様&神道の用語解説

神様や神道に関係する言葉は、古代から使われていた。しかし現代の人にとっては、すぐには理解できないものも多い。ここでは主な用語を簡単に解説してみる。

山岳信仰（さんがくしんこう）

山岳に宗教的意味を与えて崇拝し、また山岳を対象として種々の儀礼を行うこと。大和の三輪山、長野の諏訪大社上社本宮などは山をご神体としていることでよく知られる。

式年祭（しきねんさい）

一定の年に定例の儀式として執り行われる祭祀（さいし）のこと。皇室では歴代天皇・皇后の崩御後、一定の年に行う祭祀。一般神社では長野県諏訪大社の7年ごとの御柱祭が知られる。

紙垂（しで）

紙片を幣串（へいぐし）・榊・注連縄（しめなわ）などに取り付け垂らしたものをいう。垂・四手とも書く。古くは木綿が用いられていたが、近世は紙片が多く用いられる。紙片の截ち方、折り方は流派により違う。

標柱（しめばしら）

広義では目印となる柱のことだが、神道用語では、参道の入口あるいは社殿の前に建つ一対の柱のことを指す。注連縄は標柱に張られる。石柱であることが多い。

神饌（しんせん）

神に供進する酒食の総称。古来「みけ」という。酒・米・稲・鮑（あわび）・カツオ・海藻など。祭神によって供する酒食に違いがあり、また氏子（うじこ）ともども食してはいけない忌食物もある。

神饌田（しんせんでん）

神田、宮田、御供田ともいう。神への祭祀に供せられる稲を作る田のこと。収穫された稲穂や米は秋の新嘗祭（にいなめさい）で神前に供される。神社が神饌田を持っていることもある。

神馬（しんめ）

じんめとも読む。神々の乗用に供する意をもって神社に奉納された馬。止雨の祈請（きせい）には白馬を、祈雨には黒馬を奉献（ほうけん）する習わしがあった。絵馬は奉納（ほうのう）の形を変えたもの。

相殿（あいどの）

一社殿に主神のほか一柱以上の神を合祀（ごうし）すること、または合祀した社殿のこと。主神と深い関係にあるのが通例だが、まったく由縁のない神も祀られている場合がある。

一宮（いちのみや）

平安時代から中世にかけてできた神社の序列。その国において最も地位の高い神社が一宮とされた。また、一宮に次ぐ地位を持つ神社を二宮、さらに三宮と呼んだ。

忌火（いみび）

斎火とも書く。火鑽り（ひきり）と呼ばれる木を擦りあわせて起こした清浄な火のこと。忌火は神に供えるものを煮炊きするなど、神事に用いられる。

大歳神（おおとしがみ）

正月に吉方から来臨して年中の安全と豊作とを約束する神。素盞嗚尊（すさのをのみこと）と神大市比売（かむおおいちひめ）の子神で、稲荷社に祀られている倉稲魂命（うかのみたまのみこと）と兄弟神であるとされている。

御旅所（おたびしょ）

神社の祭礼（さいれい）で、祭神を御輿（みこし）などに乗せ他の場所へ移動させる際、その御輿などを鎮座させておく場所のこと。御旅所は社殿がある場合のほか、臨時の仮殿の場合もある。

雅楽（ががく）

平安時代に完成し、宮廷・寺社などで行われた音楽。また、それによる舞。古代中国や朝鮮の楽、外国渡来の楽器を使った声楽曲、日本固有の歌舞の3つに大別される。

賢所（かしこどころ）

尊所・恐所・畏所・威所とも書き、「けんしょ」ともいう。天照大神（あまてらすおおみかみ）の御霊代（みたましろ）として神鏡を祀るところ。平安宮内裏では温明殿（うんめいでん）の南半分の母屋を神座または神殿とよぶ。

国造（くにのみやつこ）

大化の改新以前の古代日本における地方官で、地方豪族が世襲的に任じられた。大化の改新以後は廃止されたが、国造は地方官の郡司（ぐんじ）となって、その国の神事もつかさどった。

近くに立ち寄ったら是非とも訪れたい！
全国・必訪神社リスト

都道府県	神社名	所在地＆祭神＆ご利益
北海道	北海道神宮（ほっかいどうじんぐう）	北海道札幌市中央区宮ヶ丘474 大国魂神（おおくにたまのかみ）／大那牟遅神（おおなむちのかみ） 家内安全・厄除開運・良縁祈願など
青森県	岩木山神社（いわきやまじんじゃ）	青森県弘前市百沢寺沢27 顕國魂神（うつしくにたまのかみ）／多都比姫神（たつひひめのかみ） 縁結び・開運招福・交通安全など
岩手県	駒形神社（こまがたじんじゃ）	岩手県奥州市水沢中上野町1-83 駒形大神（こまがたのおおかみ） 家内安全・必勝祈願・産業開発など
宮城県	大崎八幡宮（おおさきはちまんぐう）	宮城県仙台市青葉区八幡4-6-1 応神天皇（おうじんてんのう）／神功皇后（じんぐうこうごう） 身体堅固・攘災招福・商売繁昌など
秋田県	古四王神社（こしおうじんじゃ）	秋田県秋田市寺内児桜1-5-55 大彦命（おおびこのみこと）／武甕槌神（たけみかづちおかみ） 武道守護・国家鎮護・殖産興業など
山形県	月山神社（がっさんじんじゃ）	山形県東田川郡庄内町立谷沢本沢31 月読命（つくよみのみこと） 五穀豊穣・海上安全・家内安全など
山形県	出羽神社（いではじんじゃ）	山形県鶴岡市羽黒町手向手向7 伊氏波神（いではのかみ）／稲倉魂命（うかのみたまのみこと） 商売繁盛・家内安全・五穀豊穣など
山形県	湯殿山神社（ゆどのさんじんじゃ）	山形県鶴岡市田麦俣六十里山7 大山祇命（おおやまつみのみこと）／大己貴命（おほなむちのみこと） 縁結び・夫婦和合・山林鉱山守護など

都道府県	神社名	所在地&祭神&ご利益
福島県	相馬神社(そうまじんじゃ)	福島県相馬市中村北町101 相馬師常公(そうまもろつね)／天之御中主大神(あめのみなかぬしのおおかみ) 出世開運・学業上達・技術向上など
茨城県	大洗磯前神社(おおあらいいそさきじんじゃ)	茨城県東茨城郡大洗町磯浜町6890 大己貴命(おおなむちのみこと) 縁結び・夫婦和合・五穀豊穣など
栃木県	日光東照宮(にっこうとうしょうぐう)	栃木県日光市山内2301 東照大権現(とうしょうだいごんげん)（徳川家康） 開運招福・商売繁盛・家内安全など
群馬県	赤城神社(あかぎじんじゃ)	群馬県前橋市富士見町赤城山 4-2 赤城大明神(あかぎだいみょうじん)／大国主神(おおくにぬしのかみ) 心身健康・無病息災・病気平癒など
埼玉県	氷川神社(ひかわじんじゃ)	埼玉県さいたま市大宮区高鼻町1-407 須佐之男命(すさのおのみこと)／稲田姫命(いなだひめのみこと) 商売繁盛・出世開運・家内安全など
埼玉県	三峯神社(みつみねじんじゃ)	埼玉県秩父市三峰298-1 伊奘諾尊／伊奘冉尊 商売繁昌・心願成就・身体健康など
埼玉県	秩父神社(ちちぶじんじゃ)	埼玉県秩父市番場町1-3 八意思兼命(やごころおもいかねのみこと)／知知夫彦命(ちちぶひこのみこと) 家内安全・商売繁盛・必勝祈願など
東京都	大國魂神社(おおくにたまじんじゃ)	東京都府中市宮町3-1 大國魂大神(おおくにたまのおおかみ) 安産祈願・開運招福・諸災防除など
東京都	湯島天満宮(ゆしまてんまんぐう)	東京都文京区湯島3-30-1 天之手力雄命(あめのたぢからをのみこと)／菅原道真公(すがわらのみちざね) 学業成就・合格祈願・商売繁盛など
東京都	鷲神社(おおとりじんじゃ)	東京都台東区千束3-18-7 天日鷲命(あめのひわしのみこと)／日本武尊(やまとたけるのみこと) 商売繁昌・事業繁栄・開運厄除など

都道府県	神社名	所在地&祭神&ご利益
千葉県	安房神社（あわじんじゃ）	千葉県館山市大神宮589 天太玉命（あめのふとだまのみこと）／天比理刀咩命（あめのひりとめのみこと） 心願成就・合格祈願・良縁成就など
神奈川県	寒川神社（さむかわじんじゃ）	神奈川県高座郡寒川町宮山3916 寒川比古命（さむかわひこのみこと）／寒川比女命（さむかわひめのみこと） 八方除・方災除・結婚成就など
山梨県	浅間神社（あさまじんじゃ）	山梨県笛吹市一宮町一ノ宮1684 木花開耶姫命（このはなさくやひめのみこと） 病気平癒・家内安全・安産祈願など
山梨県	武田神社（たけだじんじゃ）	山梨県甲府市古府中町2611 武田信玄公（たけだしんげん） 商売繁盛・家内安全・必勝祈願など
長野県	生島足島神社（いくしまたるしまじんじゃ）	長野県上田市下之郷中池 生島大神（いくしまおおかみ）／足島大神（たるしまおおかみ） 良縁子宝・身体健勝・厄災消除など
長野県	穂高神社（ほたかじんじゃ）	長野県安曇野市穂高6079 穂高見神（ほたかみのかみ）／綿津見神（わたつみのかみ） 交通安全・家内安全・健康長寿など
新潟県	彌彦神社（いやひこじんじゃ）	新潟県西蒲原郡弥彦村 天香山命（あめのかごやまのみこと） 交通安全・家内安全・商売繁盛など
新潟県	居多神社（こたじんじゃ）	新潟県上越市五智6-1-11 大国主命（おおくにぬしのみこと） 縁結び・夫婦和合・五穀豊穣など
新潟県	春日山神社（かすがやまじんじゃ）	新潟県上越市大豆1743 上杉謙信公（うえすぎけんしん） 必勝祈願・学業成就など
富山県	雄山神社（おやまじんじゃ）	富山県中新川郡立山町芦峅寺 伊邪那岐神（いざなぎのかみ）／天手力雄神（あめのたぢからおのかみ） 家業繁栄・縁結び・厄除開運など

都道府県	神社名	所在地&祭神&ご利益
富山県	気多神社（けたじんじゃ）	富山県高岡市伏木一宮1-10-1 大己貴命（おおなむちのみこと）／奴奈加波比売命（ぬなかわひめのみこと） 縁結び・夫婦和合・五穀豊穣など
石川県	白山比咩神社（しらやまひめじんじゃ）	石川県白山市三宮町ニ105-1 白山比咩大神（しらやまひめのおおかみ）／伊弉諾尊（いざなぎのみこと） 開運招福・五穀豊穣・縁結びなど
石川県	尾山神社（おやまじんじゃ）	石川県金沢市尾山町11-1 前田利家公（まえだとしいえ） 家内安全・商売繁盛・病気平癒など
福井県	氣比神宮（けひじんぐう）	福井県敦賀市曙町11-68 伊奢沙別命（いざさわけのみこと）／仲哀天皇（ちゅうあいてんのう） 家内安全・航海安全・商売繁盛など
福井県	劒神社（つるぎじんじゃ）	福井県丹生郡越前町織田113-1 素盞嗚大神（すさのおのおおかみ）／氣比大神（けひのおおかみ） 厄除開運・除災招福・病気平癒など
静岡県	伊豆山神社（いずさんじんじゃ）	静岡県熱海市伊豆山上野地708-1 正哉吾勝勝速日天忍穂耳尊（まさかつあかつかちはやひあめのおしほみみのみこと） 良縁祈願・病気平癒・安産祈願など
静岡県	小国神社（おくにじんじゃ）	静岡県周智郡森町一宮 3956-1 大己貴命（おおなむちのみこと） 厄除祈願・家内安全・良縁成就など
愛知県	真清田神社（ますみだじんじゃ）	愛知県一宮市真清田1-2-1 天火明命（あめのほあかりのみこと） 安産祈願・家内安全・開運招福など
愛知県	津島神社（つしまじんじゃ）	愛知県津島市神明町1 建速須佐之男命（たけはやすさのおのみこと） 開運招福・産業繁栄・厄除けなど
岐阜県	南宮大社（なんぐうたいしゃ）	岐阜県不破郡垂井町宮代1734-1 金山彦命（かなやまひこのみこと） 金運上昇・必勝祈願・鉱山守護など

都道府県	神社名	所在地&祭神&ご利益
三重県	多度大社（たどたいしゃ）	三重県桑名市多度町多度1681 天津彦根命（あまつひこねのみこと）／天目一箇命（あめのまひとつのみこと） 家内安全・商売繁盛・安産祈願など
三重県	猿田彦神社（さるたひこじんじゃ）	三重県伊勢市宇治浦田2-1-10 猿田彦大神（さるたひこおおかみ）／太田命（おおたのみこと） 交通安全・海上安全・災難除け など
滋賀県	近江神宮（おうみじんぐう）	滋賀県大津市神宮町1-1 天智天皇（てんじてんのう） 災難除・心身健康・学業成就など
滋賀県	日吉大社（ひよしたいしゃ）	滋賀県大津市坂本5-1-1 大己貴神（おおなむちのかみ）（西本宮）／大山咋神（おおやまくいのかみ）（東本宮） 産業開発・商売繁盛・海上安全など
京都府	上賀茂神社（かみがもじんじゃ）	京都府京都市北区上賀茂本山339 賀茂別雷大神（かもわけいかづちのおおかみ） 厄除け・災難除け・結婚奉告など
京都府	下鴨神社（しもがもじんじゃ）	京都府京都市左京区下鴨泉川町59 玉依媛命（たまよりひめのみこと）／賀茂建角身命（かもたけつぬみのみこと） 世界平和・五穀豊穣・縁結び など
京都府	平安神宮（へいあんじんぐう）	京都府京都市左京区岡崎西天王町97 桓武天皇（かんむてんのう）／孝明天皇（こうめいてんのう） 家内安全・商売繁盛・会社隆盛など
京都府	北野天満宮（きたのてんまんぐう）	京都府京都市上京区馬喰町 菅原道真公（すがわらのみちざね） 学業成就・学力向上・入試合格など
奈良県	石上神宮（いそのかみじんぐう）	奈良県天理市布留町384 布留御魂大神（ふるのみたまのおおかみ）／布都御魂大神（ふつのみたまのおおかみ） 健康長寿・病気平癒・百事成就など
奈良県	談山神社（たんざんじんじゃ）	奈良県桜井市多武峰319 藤原鎌足公（ふじわらのかまたり） 恋愛成就・出世開運など

都道府県	神社名	所在地&祭神&ご利益
奈良県	龍田大社（たつたたいしゃ）	奈良県生駒郡三郷町立野南1-29-1 天御柱大神（あめのみはしらのおおかみ）／国御柱大神（くにのみはしらのおおかみ） 悪疫退散・海上安全・航空関係守護など
和歌山県	熊野本宮大社（くまのほんぐうたいしゃ）	和歌山県田辺市本宮町本宮1110 家都美御子大神（けつみみこのおおかみ） 国土安泰・開運招福・心願成就など
和歌山県	熊野速玉大社（くまのはやたまたいしゃ）	和歌山県新宮市新宮1 熊野速玉大神（くまのはやたまのおおかみ）／熊野夫須美大神（くまのふすみのおおかみ） 富貴隆昌・現世安穏・先祖慰霊など
和歌山県	熊野那智大社（くまのなちたいしゃ）	和歌山県東牟婁郡那智勝浦町那智山1 熊野夫須美大神（くまのふすみのおおかみ） 無病息災・所願成就・長寿など
大阪府	大阪天満宮（おおさかてんまんぐう）	大阪府大阪市北区天神橋2-1-8 菅原道真公（すがわらのみちざね） 学業成就・学力向上・合格祈願など
大阪府	生國魂神社（いくくにたまじんじゃ）	大阪府大阪市天王寺区生玉町13-9 生島大神（いくしまのおおかみ）／足島大神（たるしまのおおかみ） 開運招福・諸芸上達・悪縁切り など
大阪府	大鳥大社（おおとりたいしゃ）	大阪府堺市西区鳳北町1-1-2 日本武尊（やまとたけるのみこと）／大鳥連祖神（おおとりのむらじおやがみ） 災難除け・文武の神・出世開運など
兵庫県	西宮神社（にしのみやじんじゃ）	兵庫県西宮市社家町1-17 西宮大神（蛭子神）（にしのみやおおかみえびすのかみ） 商売繁盛・家内安全・海上安全など
兵庫県	廣田神社（ひろたじんじゃ）	兵庫県西宮市大社町7-7 天照大御神之荒御魂（あまてらすおおみかみのあらみたま） 安産祈願・病気平癒・健康長寿など
兵庫県	出石神社（いずしじんじゃ）	兵庫県豊岡市出石町宮内99 天日槍命（あめのひぼこのみこと）／伊豆志八前大神（いずしやまえのおおかみ） 治水・殖産興業・子宝安産など

都道府県	神社名	所在地&祭神&ご利益
岡山県	吉備津神社（きびつじんじゃ）	岡山県岡山市北区吉備津931 大吉備津彦命（おおきびつひこのみこと） 縁結び・家内安全・商売繁昌など
岡山県	中山神社（なかやまじんじゃ）	岡山県津山市一宮695 鏡作神（かがみつくりのかみ） 安産祈願・農耕守護・鍛金治工採鉱など
広島県	吉備津神社（きびつじんじゃ）	広島県福山市新市町宮内400 大吉備津彦命（おおきびつひこのみこと） 開運招福・交通安全・厄除けなど
山口県	赤間神宮（あかまじんぐう）	山口県下関市阿弥陀寺町4-1 安徳天皇（あんとくてんのう） 水難守護・子授かり・安産祈願など
鳥取県	倭文神社（しとりじんじゃ）	鳥取県東伯郡湯梨浜町宮内754 建葉槌命（あめのはづちのみこと）／下照姫命（したてるひめのみこと） 安産守護・農業開発・医薬普及など
島根県	美保神社（みほじんじゃ）	島根県松江市美保関町美保関608 事代主命（ことしろぬしのみこと）／三穂津姫命（みほつひめのみこと） 五穀豊穣・安産祈願・海上安全など
島根県	熊野大社（くまのたいしゃ）	島根県松江市八雲町熊野2451 素戔嗚尊（すさのおのみこと） 殖産興業・医薬守護・招福縁結び など
香川県	金刀比羅宮（ことひらぐう）	香川県仲多度郡琴平町892-1 大物主神（おおものぬしのかみ）／崇徳天皇（すとくてんのう） 開運招福・商売繁盛・海上安全など
愛媛県	大山祇神社（おおやまづみじんじゃ）	愛媛県今治市大三島町宮浦3327 大山祇神（おおやまづみのかみ） 航海安全・祈雨祈晴・山林鉱山守護など
徳島県	大麻比古神社（おおあさひこじんじゃ）	徳島県鳴門市大麻町板東広塚13 大麻比古大神（おおあさひこのおおかみ）／猿田彦大神（さるたひこのおおかみ） 方除け・交通安全・厄除け など

都道府県	神社名	所在地&祭神&ご利益
高知県	土佐神社（とさじんじゃ）	高知県高知市一宮しなね2-16-1 味鋤高彦根神（あぢすきたかひこねのかみ）／一言主神（ひとことぬしのかみ） 開運招福・諸業繁栄・国土開発など
福岡県	高良大社（こうらたいしゃ）	福岡県久留米市御井町1 高良玉垂命（こうらたまたれのみこと）／八幡大神（はちまんおおかみ） 厄除け・延命長寿・交通安全など
佐賀県	與止日女神社（よどひめじんじゃ）	佐賀県佐賀市大和町川上1-1 與止日女命（よどひめのみこと） 無病息災・学力向上・安産祈願など
長崎県	鎮西大社諏訪神社（ちんぜいたいしゃすわじんじゃ）	長崎県長崎市上西山町18-15 建御名方神（たけみなかたのかみ）／八坂刀売神（やさかとめのかみ） 勝利祈願・商売繁盛・子授かり など
熊本県	阿蘇神社（あそじんじゃ）	熊本県阿蘇市一の宮町宮地3083 健磐龍命（たけいわたつのみこと）／阿蘇都比咩命（あそつひめのみこと） 生活守護・水利灌漑・縁結び など
大分県	柞原八幡宮（ゆすはらはちまんぐう）	大分県大分市上八幡三組 仲哀天皇（ちゅうあいてんのう）／応神天皇（おうじんてんのう） 厄除開運・殖産興業・交通安全など
宮崎県	天岩戸神社（あまのいわとじんじゃ）	宮崎県西臼杵郡高千穂町岩戸1073-1 大日孁尊（おおひるめのみこと）（西本宮）／天照皇大神（あまてらすすめおおみかみ）（東本宮） 諸願成就・家内安全・無病息災など
宮崎県	高千穂神社（たかちほじんじゃ）	宮崎県西臼杵郡高千穂町三田井1037 高千穂皇神（たかちほすめがみ）／三毛入野命（みけぬのみこと） 武道成就・縁結び・夫婦円満など
鹿児島県	霧島神宮（きりしまじんぐう）	鹿児島県霧島市霧島田口2608-5 瓊瓊杵命（ににぎのみこと）／木花咲耶姫尊（このはなさくやびめのみこと） 家内安全・国家安泰・五穀豊穰など
沖縄県	波上宮（なみのうえぐう）	沖縄県那覇市若狭1-25-11 伊弉冉尊（いざなみのみこと）／速玉男尊（はやたまおのみこと） 国家鎮護・航海安全・家内安全など

監修者プロフィール

武光 誠（たけみつ　まこと）

元明治学院大学教授。1950年山口県生まれ。東京大学文学部国史学科卒業。同大学大学院博士課程修了。文学博士。専攻は日本古代史、歴史哲学。比較文化論的な幅広い観点から日本の思想・文化・神々の研究に取り組む。著書は『日本古代国家と律令制』（吉川弘文館）など専門書のほか、『日本の神々の謎』（大和書房）、『古事記・日本書紀を知る事典』（東京堂出版）など340冊以上に及ぶ。

【編集&構成】湯原浩司（オフィス五稜郭）
【執　　筆】オフィス五稜郭
【絵図提供】国立国会図書館
【写真提供】オフィス五稜郭
島根県観光振興課
信州・長野県観光協会
【協　　力】緒上 鏡（ヤグモ企画）
【装　　丁】妹尾善史（landfish）
【カバーイラスト】龍神貴之
【本文DTP】株式会社ユニオンワークス

主な参考文献

倉野憲司『古事記』ワイド版　岩波文庫1991年
梅原猛『古事記』学研M文庫2001年
坂本太郎ほか『日本書紀（1）』岩波文庫1994年
武光誠『知っておきたい日本の神様』角川ソフィア文庫2005年
戸部民夫『「日本の神様」がよくわかる本』PHP文庫2004年
一条真也 監修、造事務所 編著『開運！ パワースポット「神社」へ行こう』PHP文庫2008年
坂本勝 監修『別冊宝島1671 まんがとあらすじでわかる古事記と日本書紀』宝島社2009年
神社本庁 監修『神社のいろは』扶桑社2012年
菅田正昭『面白いほどよくわかる神道のすべて』日本文芸社2004年
國學院大學日本文化研究所編『神道事典』弘文堂1999年

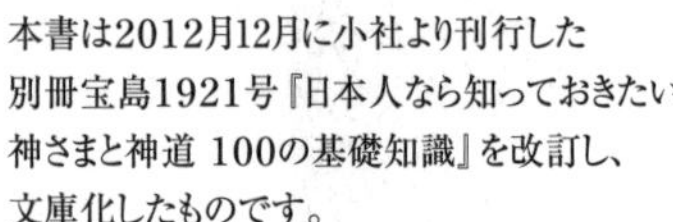

本書は2012年12月に小社より刊行した
別冊宝島1921号『日本人なら知っておきたい
神さまと神道 100の基礎知識』を改訂し、
文庫化したものです。

知れば知るほど面白い日本の神様と神社
（しればしるほどおもしろいにほんのかみさまとじんじゃ）

2023年7月20日　第1刷発行

監　修　武光 誠
発行人　蓮見清一
発行所　株式会社 宝島社
〒102-8388　東京都千代田区一番町25番地
電話：営業 03(3234)4621／編集 03(3239)0927
https://tkj.jp
印刷・製本　株式会社広済堂ネクスト

First published 2012 by Takarajimasha, Inc.
ISBN 978-4-299-04533-1